5 TIPS OM TE BEGINNEN!

1) HOE OP TE LOSSEN

De Puzzels zijn in een Klassiek Formaat:

- Woorden worden verborgen zonder pauzes (geen spaties, streepjes, ...)
- Oriëntatie: Voorwaarts & Achterwaarts, Boven & Beneden of in Diagonaal (kan in beide richtingen)
- Woorden kunnen elkaar overlappen of kruisen

2) ACTIEF LEREN

Naast elk woord is een spatie voorzien om de vertaling te noteren. Om actief te leren vindt u een **WOORDENBOEK** aan het einde van deze editie om uw kennis te controleren en uit te breiden. U kunt elke vertaling opzoeken en opschrijven, de woorden in de puzzel vinden en ze vervolgens aan uw woordenschat toevoegen!

3) TAG JE WOORDEN

Hebt u al geprobeerd een labelsysteem te gebruiken? U zou bijvoorbeeld de woorden die moeilijk te vinden waren kunnen markeren met een kruis, de woorden die u leuk vond met een ster, nieuwe woorden met een driehoek, zeldzame woorden met een ruit enzovoort...

4) ORGANISEER UW LEREN

Wij bieden ook een handig **NOTITIEBOEKJE** aan het eind van deze uitgave. Of u nu op vakantie, op reis of thuis bent, u kunt uw nieuwe kennis gemakkelijk ordenen zonder dat u een tweede notitieboek nodig hebt!

5) AFGESLOTEN?

Ga naar de bonussectie: **FINAAL UITDAGING** om een gratis spel te vinden dat aan het einde van deze editie wordt aangeboden!

Wil je meer leuke en leerzame activiteiten? Het is Snel en Eenvoudig! Een hele collectie spelboeken slechts één klik verwijderd!

Vind uw volgende uitdaging bij:

BestActivityBooks.com/MijnVolgendeBoek

Klaar... Start!

Wist u dat er zo'n 7000 verschillende talen in de wereld zijn? Woorden zijn kostbaar.

We houden van talen en hebben hard gewerkt om de boeken van de hoogste kwaliteit voor u te maken. Onze ingrediënten?

Een selectie van onmisbare leerthema's, drie grote plakken plezier, dan voegen we er een lepel moeilijke woorden en een snuifje zeldzame woorden aan toe. We serveren ze met zorg en een maximum aan verrukking, zodat je de beste woordspelletjes kunt oplossen en veel plezier beleeft aan het leren!

Uw feedback is essentieel. U kunt een actieve bijdrage leveren aan het succes van dit boek door een recensie achter te laten. Vertel ons wat u het meest beviel in deze editie!

Hier is een korte link die u naar uw bestelpagina brengt:

BestBooksActivity.com/Recensies50

Bedankt voor uw hulp en veel plezier met het spel!

Linguas Classics

1 - Metingen

```
M A S S A T B D A M E T E R
U I E Y L K Y L I L Z O C V
P V N Y H G T Q J E Q N Z A
C O T U J Y E X W N P I N T
U L I D U I M I T G E T G M
D U M A E T O N S T E Q E Q
K M E I X S D Q I E K H W P
I E T P B N I Q T E E O I I
L R E G K P T M J R K O G S
O B R E E D T E A I D G X N
G R A M L I T E R L B T N V
R K I L O M E T E R E E T Q
A S N Z E A F Z G R K V M G
M Q C K X Q Z Q Y P F C X O
```

BREEDTE	KILOMETER
BYTE	LENGTE
SENTIMETER	LITER
DESIMALE	MASSA
DIEPTE	METER
GEWIG	MINUUT
GRAM	ONS
HOOGTE	PINT
DUIM	TON
KILOGRAM	VOLUME

2 - Keuken

```
R E S E P X E W Z H L Z G Z
V R I E S K A S R Y E K O S
C I J Y K X J N S S P O N S
M Q Y V D S Z R P K E P G X
E D Z K J D F I F A L P C S
S K E P L E P E L S S I Y D
S E E E T S T O K K I E S O
E P R K E T E L V S Y S D O
N O E V O V E Q C U N W I N
J T O S E P S O W U R T D D
L V R F E T S W X X T K O Q
U D V O O R S K O O T R E O
Z B R A A I Y B A K K M F T
J T A Y X A B E K E R U G J
```

KOPPIES	SKEPLEPEL
EETSTOKKIES	POT
BRAAI	RESEP
KETEL	VOORSKOOT
YSKAS	SERVET
BAK	SPESERYE
BEKER	SPONS
LEPELS	KOS
MESSE	VURKE
OOND	VRIESKAS

3 - Boten

```
R E D D I N G S B O O T R F
X Z Z L A G B Q R F D G S K
F K X D N E N J I N Q K P X
U B E M A N N I N G M E E R
B S E E U K A J A K A N O B
U O G N T O U O X K O K R S
Y H E Q I X F Q V Z S D H D
J Y H I S B G V G T E I I O
S P G A C P O M Q D A W F K
Z Z M Y H I L M A S A K E B
R I V I E R W B X I N I R V
H K F G K S E I L J A G R Q
V L O T S E I L B O O T Y R
F C E C Q Q F A N K E R E M
```

ANKER	ENJIN
BEMANNING	NAUTISCHE
BOEI	OSEAAN
DOK	REDDINGSBOOT
GOLWE	RIVIER
SEILJAG	TOU
KAJAK	FERRY
KANO	VLOT
MAS	SEE
MEER	SEILBOOT

4 - Chocolade

```
G O M V N S R A S K A K A O
P E W D Y A O M M A F F K O
Y S H O D T L B A R A S L F
B O H A S N E A A A N U A L
E E L T L M K G K M T I P A
S T A Z E T K S A E I K P R
T S Z U M F E M L L O E E O
A B I T T E R A O R K R R M
N D R A N G G N R E S E P A
D Y A W S I O N I T I H P X
D N Y D P O E I E R D H F G
E S C A M F D Q Ë F A N T P
E E K S O T I E S E N E E P
L K H E E R L I K E T T G Z
```

ANTIOKSIDANT	KLAPPER
AROMA	GEHALTE
AMBAGSMAN	POEIER
BITTER	RESEP
KAKAO	SMAAK
KALORIEË	LEKKERGOED
EKSOTIESE	SUIKER
HEERLIKE	DRANG
BESTANDDEEL	SOET
KARAMEL	

5 - Tijd

```
M P R T N O U V A N D A G K
I K C L A C P R L J Q I N A
D Q I A Z G F O G G E N D L
D D I R S R E E S Y Y U A E
A E E Q J T G G O C G U G N
G K Y V A V O W J P V U L D
O A M A A N D E G K W M S E
O D W J R R J N K E E U U R
F E E A L C L A T O Y E K B
K W E M I F M R A V M S H E
C Y K Y K L O K O R S S Q O
N A G I S T E R U J N B I Q
N S Q F E Y J X T U F T S Z
M I N U U T V L R E R X X Z
```

DAG	MINUUT
DEKADE	NA
EEU	NAG
GISTER	NOU
JAAR	OGGEND
JAARLIKSE	TOEKOMS
KALENDER	UUR
KLOK	VANDAG
MAAND	VROEG
MIDDAG	WEEK

6 - Meditatie

```
E N K L R V H D W A K K E R
F M V O W N B E W E G I N G
D T O A O P H E A H K B F E
U C S S E C L R G E L U K N
I B U E I W P N N A T U U R
D U A M T E T I N O L D Q V
E P W H K U S S T I L T E N
L M D A N K B A A R H E I D
I U A L P O S T U U R Q C W
K S A I W A A R N E M I N G
H I N N G E E S T E L I K E
E E D G V R E D E L A X D Y
I K A L M O G E D A G T E S
D G G A A N V A A R D I N G
```

AANDAG	KALM
AANVAARDING	DEERNIS
ASEMHALING	GEESTELIKE
BEWEGING	MUSIEK
DANKBAARHEID	NATUUR
EMOSIES	WAARNEMING
GEDAGTES	STILTE
GELUK	VREDE
DUIDELIKHEID	WAKKER
POSTUUR	

7 - Zomer

```
H F A M I L I E B J P I V O
D E M U S I E K E R J I A N
A M R N K A M P E E R T K T
S E E I H D N D U I K V A S
W Q Y S N T B D P S D R N P
H A U P T N O Q A V I I S A
L S T E R R E U E L W E I N
J Z U L S D K R S M E N E N
C B I E J T E A I O K D L I
K O S T L U R U M N L E W N
X M K J L I Z A Y T G U Z G
E M X I T N A D N F T E O T
X V R E U G D E X D X A T S
P U P S D T N J Q X J D I G
```

BOEKE
DUIK
FAMILIE
SPELETJIES
HERINNERINGE
TUIS
KAMPEER
MUSIEK
REIS
SANDALE

STERRE
STRAND
TUIN
VAKANSIE
KOS
VREUGDE
VRIENDE
ONTSPANNING
SEE

8 - Vogels

```
E E P I K K E W Y N B Z O X
R R O J M O S E N Q H X K A
E E U H O E N D E R F U I N
I I T L S K E K D U J J I A
E E G N S O S U U E E N D L
R R P K I E V Y I K R A A I
R P L P E K V J F Q U Y O F
P E T O E K A N O X A H O I
G L P A P E G A A I N X I E
H I F A F L A M I N G O E I
V K K H B H Q W G E I C V I
K A R Y V E M S W A A N A O
P A Y Y X U L J D C N T A H
C N V O L S T R U I S S R W
```

DUIF

EEND

EIER

FLAMINGO

GANS

HOENDER

KOEKOEK

KRAAI

MEEU

MOSSIE

OOIEVAAR

PAPEGAAI

POU

PELIKAAN

PIKKEWYN

REIER

VOLSTRUIS

TOEKAN

UIL

SWAAN

9 - Behoud

```
U K P L A A G D O D E R A S
I L R P A F R R K O M M E R
S I K L U S B Z O Z M V L B
W M O Q G B O N D E R W Y S
N A T U U R L I K E N S O K
O A T V O L H O U B A R E H
R T V E R A N D E R I N G E
G R F O R H A B I T A T F H
A E K O S I S T E E M H K W
N G E S O N D H E I D E T J
I V E R M I N D E R I R T Q
E S J M B W W O W X Q W B V
S Z G A O S O M G E W I N G
E C B E S O E D E L I N G N
```

VOLHOUBARE	ONDERWYS
EKOSISTEEM	ORGANIESE
SIKLUS	PLAAGDODER
GESONDHEID	HERWIN
GROEN	VERANDERINGE
HABITAT	VERMINDER
KLIMAAT	BESOEDELING
OMGEWING	WATER
NATUURLIKE	KOMMER

10 - Wiskunde

```
R D R I E H O E K R H M V D
B E A F D E L I N G O E I E
H R G Y D E N L T N E E E U
V X E H V P K B V U K T R R
D D G U O C R S Z G E K K S
O H M M K E E O P L L U A N
M Q R N O X K M H O E N N E
T P A R A L L E L O N D T E
R V E E L H O E K D W E E D
E V O L U M E W Y R U U N V
K Y D E S I M A L E X T W T
S I M M E T R I E G X F A B
P A R A L L E L O G R A M C
V E R G E L Y K I N G G U Z
```

DESIMALE	PARALLEL
DEURSNEE	PARALLELOGRAM
AFDELING	REGHOEK
DRIEHOEK	SOM
EKSPONENT	SIMMETRIE
BREUK	VEELHOEK
MEETKUNDE	VERGELYKING
HOEKE	VIERKANTE
LOODREG	VOLUME
OMTREK	

11 - Camping

S	S	K	H	J	N	Y	U	J	T	E	L	O	I
Y	C	S	F	Y	T	O	U	A	J	V	U	M	R
L	G	J	D	I	E	R	E	G	V	B	G	A	U
H	B	D	L	N	N	T	R	H	O	E	D	A	B
M	A	K	L	S	T	F	K	K	A	N	O	N	G
Q	Q	N	A	E	X	Y	O	A	N	Q	L	A	X
C	W	A	G	K	H	A	M	A	A	W	C	V	O
L	N	V	T	M	B	E	P	R	Z	N	O	A	J
F	A	O	T	E	A	L	A	T	N	E	X	K	L
V	T	N	O	E	P	T	S	U	Y	B	O	S	E
L	U	T	T	R	B	E	R	G	T	G	B	F	M
M	U	U	T	E	B	O	M	E	R	G	N	V	F
B	R	U	R	F	R	K	A	J	U	I	T	B	Q
J	E	R	Y	Y	T	N	V	D	V	J	M	P	N

AVONTUUR	JAG
BERG	KAART
BOME	KANO
BOS	KOMPAS
VUUR	LANTERN
KAJUIT	MAAN
DIERE	MEER
HANGMAT	NATUUR
HOED	TENT
INSEK	TOU

12 - Activiteiten

```
V V T O V R M S T A P H G M
J A G N A A C P T Y Z A J Q
N T Z T A A K E O O M N O K
K U Y S R I E L W E J D O E
A I Y P D S R E E B B W P P
M N G A I E A T R E I E L V
P M L N G L M J K N S R E I
E A H N H S I I U F K K S S
E A N I E B E E N N I U I V
R K Z N I H K S S T L N E A
V Q N G D A N S K A D S R N
G F O T O G R A F I E E D G
N A A L D W E R K G R J I V
A K T I W I T E I T Y I R A
```

AKTIWITEIT	LEES
HANDWERK	TOWERKUNS
DANS	NAALDWERK
FOTOGRAFIE	PLESIER
SPELETJIES	RAAISELS
VISVANG	SKILDERY
JAG	TUINMAAK
KAMPEER	VAARDIGHEID
KERAMIEK	ONTSPANNING
KUNS	STAP

13 - Vormen

```
R H K J D V G E L G Z O A S
B L R Q W D E N Y F R V B I
S N E R O N D E N S E A T L
P C S I R K E L L E G A X I
P I R A M I D E I H H L E N
S P H M O U G L R P O E Y D
D R I E H O E K S F E E R E
A I P H H W O E M J K E K R
V S E A O D X Ë C K U B U S
T M R M E L V L T K R C X R
G A B H K N M D Y A W G D F
J H O L I R I J X N E S K K
O C O U U U Q U M T L W V I
D B L H X K A N T E J N O X
```

SFEER	KUBUS
LNR	LYN
SILINDER	OVAAL
SIRKEL	PIRAMIDE
KURWE	PRISMA
DRIEHOEK	KANTE
HOEK	REGHOEK
HIPERBOOL	RONDE
KANT	VEELHOEK
KEËL	

14 - Astronomie

```
S V K N P L A N E E T S S K
W U B O E G N V H Q E A T O
A U S E S W B T C U L T E M
A R T C S M E G D I E E R E
R P E Z K T O L O N S L R E
T Y R P P P R S Y O K L E T
E L R S T E R A F X O I K V
K S E I M X S A L X O E U H
R X W B U O W R N I P T N E
A M A A N Q R D Z F N F D E
G D G S M E T E O O R G I L
A S T E R O Ï D E D U B G A
S T E R R E B E E L D O E L
R U I M T E V A A R D E R A
```

AARDE	STERREWAG
ASTEROÏDE	PLANEET
RUIMTEVAARDER	VUURPYL
STERREKUNDIGE	SATELLIET
EQUINOX	STER
KOMEET	STERREBEELD
KOSMOS	BESTRALING
MAAN	TELESKOOP
METEOOR	HEELAL
NEWEL	SWAARTEKRAG

15 - Emoties

```
V E Z B V U V J X T T R R O
E S T L Z R R Y O E E W U N
R K E I T J E V P V E U S T
R H F S W E E D G R R P T S
A Y S S S O S Q E E H A I P
S W O E D E D X W D E L G A
V L I E F D E A O E I S H N
V E R L I G T I N G D I E N
H A R T S E E R D K P M I E
L Q W L S Z B N E A B P D Z
M T V R E U G D E L G A A O
V O M L C Ë W L C M I T A C
I N H O U D P Q W E I I W R
V E R V E L I N G D S E W N
```

VREES	VERLIGTING
VERLEË	RUSTIGHEID
DANKBAAR	SIMPATIE
HARTSEER	TEERHEID
BLISS	TEVREDE
INHOUD	VERRAS
KALM	VERVELING
LIEFDE	VREDE
ONTSPANNE	VREUGDE
OPGEWONDE	WOEDE

16 - Vakantie #2

```
L Y R I V I S A P R T A X I
N U M C W Y T N A B I S B Z
U V G J S G R U S V C R U J
L E R H V N A W P C L E I S
K R Y K A D N E O P A S T N
A A H T I W D E O H O T E L
A S M A E V E P R W E A L E
R M M P N N A R T W I U A X
T U V T E T T O D A L R N X
V E R V O E R Y E F A A D B
Q M P H S W R E I S N N S R
B E S T E M M I N G D T E H
J W V A K A N S I E G U A R
O N T S P A N N I N G E X L
```

BESTEMMING	RESTAURANT
BUITELANDSE	STRAND
EILAND	TAXI
HOTEL	TENT
KAART	VAKANSIE
KAMPEER	VERVOER
LUGHAWE	VISA
PASPOORT	ONTSPANNING
REIS	

17 - Weersomstandigheden

```
D B D G D C E O H F T O W Q
K Y L U G O G V P C V R I V
L K S I U Y N X M Y L K N T
I A A T K N E D L K O A D O
M A T M O S F E E R E A A R
A Y A I C F E A J R D N O N
A G G S D V I M L D W U R A
T H R W W O S T O R M E T D
R I M V F D N D R O O G E O
O D D D Z I P Y P O W C B R
P O L Ê R E B M E G O O V I
I R D R E Ë N T E T L H U O
E K K N R Q J O R E K Z G E
S R T R E Ë N B O O G T D H
```

ATMOSFEER	ORKAAN
BLIKSEM	VLOED
DONDERWEER	POLÊRE
DROOG	REËNBOOG
DROOGTE	STORM
LUG	TORNADO
YS	TROPIES
KLIMAAT	WIND
MIS	WOLK
REËN	

18 - Strand

```
C M S A M B R E E L M Q N X
V L E E P C S A N D A L E R
Z C E N I B L O U N C X C J
G S N P T L W C B U G J K W
V S E N U E B G G C A H Q K
O O C E N I B O K K R A P Z
Y N D T D L O J O D Z N I O
G E F S K A J F S T I D O K
D V A K A N S I E U A D O R
N Z J U J D A D A U D O Q O
I B U L B Y N E A X O E O G
K O Z P U N D Y N R Y K R K
U O A E T A K Z K K E S I A
S T R A N D M E E R T F F I
```

BLOU	SAMBREEL
BOOT	RIF
DOK	SANDALE
EILAND	SKULPE
HANDDOEK	VAKANSIE
KRAP	SAND
KUS	SEE
STRANDMEER	SEILBOOT
OSEAAN	SON

19 - Eten #2

```
B D H K O R I N G R P A E H
R R H O Q Z E W Q Y Y P X S
O T O A E R H A J G N P V W
C A V O M N Z S O R A E K G
C M K P D E D P G Y P L A N
O A A H L S M E U S P R A K
L T M N K G K R R V E Y S I
I I A H S V Y S T Z L P W W
K E N E V O F I X E I E R I
T E D R U I W E P N F R O F
P I E S A N G S H I T S Y Z
R V L E I E R V R U G K X C
S B H N Y G W I A U O E Z H
A T B J G J N S K A Z E Y E
```

AMANDEL	HAM
PYNAPPEL	KAAS
APPEL	HOENDER
ASPERSIES	KIWI
EIERVRUG	PERSKE
PIESANG	RYS
BROCCOLI	KORING
BROOD	TAMATIE
DRUIWE	VIS
EIER	JOGURT

20 - Klimmen

```
G L H Y V O X A E L E I L S
M I O V S Q S T A P K I N T
U D D U X N M Z P A E S V E
Z V N S R O A H O O G T E R
K E N N E R L F C J T E U K
A T M O S F E E R I T R I T
U I H Z C Y Q H K A A R T E
L S M Y O I B C I O J E D Z
Z F I B W T C D O J K I A N
K H I S T E W E L S P N G G
G E O S T A B I L I T E I T
R L V G I O P L E I D I N G
O M N I B E S E R I N G G V
T I H A N D S K O E N E S F
```

ATMOSFEER	STERKTE
KENNER	STEWELS
FISIES	BESERING
GIDSE	OPLEIDING
GROT	SMAL
HANDSKOENE	STABILITEIT
HELM	TERREIN
HOOGTE	UITDAGINGS
KAART	STAP

21 - Restaurant #1

```
D H O A H D K O M B U I S P
B J G A O I N A G E R E G I
Z W S O E X S S H S S K U T
B K E L N E R I N T R O F T
R E O Y D E B I Q A U F F I
O W S O E P M A N N Z F D G
O I R P R X B A K D M I A E
D X O E R O C Z O D N E U S
F D Y A X E B G S E G C G E
P L A A T A K F V L E I S R
K A S S I E R I H E M C O V
A L L E R G I E N M E N U E
B O V P Y W V J U G K F S T
Y K A N A B D V Q C D N A O
```

ALLERGIE   MES
PLAAT   PITTIGE
BROOD   BESPREKING
BESTANDDELE   SOUS
KASSIER   KELNERIN
KOMBUIS   SERVET
HOENDER   NAGEREG
KOFFIE   VLEIS
BAK   KOS
MENU

22 - Geologie

```
T C R U O G Z B K A S K F O
G X C C Q S R R O A T O O Y
B K S U U S J O N R A R S V
K A L S I U M L T D L A S S
S L K V R U X A I B A A I Q
G R I H U R T V N E K L E U
E S Y P M L Q A E W T A L G
S O U T C Y K W N I I A J E
M N G B L I W A T N E G V P
E E H W C V A H A G T D C L
L M S H C E R U U N O C M A
T G Y E T E T G E Y S E R T
E D M F M P S E R O S I E O
K R I S T A L L E K S T F C
```

AARDBEWING	KWARTS
KALSIUM	LAAG
KONTINENT	LAVA
EROSIE	PLATO
FOSSIEL	STALAKTIET
GEYSER	KLIP
GESMELTE	VULKAAN
GROT	SONE
KORAAL	SOUT
KRISTALLE	SUUR

23 - Specerijen

```
A C E M F G U L F F K K E K
N D C D D K A R D E M O M O
P A P R I K A R G N N M V L
K N O F F E L X E E E Y A J
N A E L T J I E M G U N N A
C K E B U S D F M R T Q I N
K E R R I E A I E I M J E D
X A R M W Q W F R E U I L E
A O N U Y E R L F K S V J R
S N H E B I T T E R K R E G
O K Y J E D M C C T A H O E
E D A S O L R W Y D A A X U
T V I N K E L S O U T N N R
K U V Y K S M I O J I L P V
```

ANYS	NAELTJIE
BITTER	NEUTMUSKAAT
FENEGRIEK	PAPRIKA
GEMMER	SAFFRAAN
KANEEL	GEUR
KARDEMOM	UI
KERRIE	VANIELJE
KNOFFEL	VINKEL
KOMYN	SOET
KOLJANDER	SOUT

24 - Groenten

```
P T J I G E M M E R A B E O
S A M P I O E N W O R T E L
V M M F B S L A A I T E Z H
L A L P R A A P J F I B Y I
J T K P O L Y F F J S G G G
I I K Z C E H E S Z J D B M
S E A R C D N Q G U O T I K
E E X J O R A D Y S K X T A
L R L A L S P I N A S I E A
M D T D I K O M K O M M E R
L Z G J E E I E R V R U G W
J L S F I R F K N O F F E L
S A L O T E Y U I O Q J W X
G U P I E T E R S I E L I E
```

ARTISJOK	PAMPOEN
EIERVRUG	RAAP
BROCCOLI	RADYS
ERTJIE	SLAAI
GEMMER	SELDERY
KNOFFEL	SALOT
KOMKOMMER	SPINASIE
OLYF	TAMATIE
SAMPIOEN	UI
PIETERSIELIE	WORTEL

25 - Dans

```
P G K L A S S I E K E K K G
O V E K U N S O M H H U O G
S E S U U V T L O Y S L N E
T N L J U L P J S H G T S N
U N M Y W J T O I R D U P A
U O A U R M Y U E E A U R D
R O E K S Z I Y R P W R I E
I T I W A I B E W E G I N G
T T W A I D E A J T L Q G R
M Q J W T T E K A I X E X W
E L I G G A A M V S Y K T L
Q D E C S C L U I I U E S S
E K S P R E S S I E W E G T
L C H O R E O G R A F I E M
```

AKADEMIE	KLASSIEKE
BEWEGING	KUNS
CHOREOGRAFIE	LIGGAAM
KULTURELE	MUSIEK
KULTUUR	VENNOOT
EMOSIE	REPETISIE
EKSPRESSIEWE	RITME
GENADE	SPRING
POSTUUR	

26 - Sport

```
H Z G P W U S P E L F M S B
G O M H O G F E U Y E M K A
G K K F L F T M N L C L E S
A I B K Q U M J I W C I I K
W T M F I E T S Z X R S D E
E J L N B E W E G I N G S T
N S G E A F R I G T E R R B
N P H B E S T A D I O N E A
E A O P D T T E N N I S G L
R N L J W Q I I L S E Q T F
B O F B A L L I E S K O E T
G I M N A S I U M K X J R C
K A M P I O E N S K A P H U
V X U A Y U M S P E L E R R
```

ATLEET	KAMPIOENSKAP
BASKETBAL	SKEIDSREGTER
BEWEGING	SPEL
FIETS	SPELER
GHOLF	STADION
GIMNASIUM	SPAN
GIMNASTIEK	TENNIS
HOKKIE	AFRIGTER
BOFBAL	WENNER

27 - Mythologie

```
S  K  E  P  S  E  L  M  O  N  S  T  E  R
X  K  R  Y  G  E  R  A  G  E  D  R  A  G
N  V  E  I  P  I  C  G  B  I  V  O  L  J
W  V  E  P  K  T  Q  I  W  I  A  V  E  H
J  E  Q  D  P  K  D  E  R  X  R  D  G  R
A  H  E  L  D  I  N  S  A  I  G  I  E  J
L  E  T  R  Y  T  N  E  A  G  E  B  N  S
O  L  M  V  L  N  I  G  K  N  T  W  D  T
E  D  S  E  V  I  R  A  M  P  I  K  E  E
S  U  C  G  Y  O  G  M  L  G  P  Q  Y  R
I  S  T  E  R  F  L  I  K  E  E  L  L  K
E  K  U  L  T  U  U  R  I  S  D  K  Y  T
W  O  O  R  T  U  I  G  I  N  G  S  S  E
D  O  N  D  E  R  W  E  E  R  Y  R  D  E
```

ARGETIPE	STERKTE
WEERLIG	KRYGER
SKEPPING	LEGENDE
KULTUUR	MAGIESE
DONDERWEER	MONSTER
LABIRINT	OORTUIGINGS
GEDRAG	RAMP
HELD	STERFLIKE
HELDIN	SKEPSEL
JALOESIE	WRAAK

28 - Eten #1

```
S O U T I V S T W E S V B D
C D K W H W L H U J A S A P
V M M O V L E I S N A U S N
S U U R L E M O E N A X I X
U O J T A P E E R U A Q L K
I L P E E P T P V C R I I J
K L G L R L P Q K F B A E V
E K A N E E L E V P E B K S
R V R G J Z V O L N I S R L
T G S E L F L N P K M Z U A
T U M E L K B M Z N O E I A
J K N O F F E L R Z F O D I
K O F F I E N D N R X U S H
S Z M G V S P I N A S I E T
```

AARBEI	SLAAI
APPELKOOS	SAP
BASILIEKRUID	SOP
SUURLEMOEN	SPINASIE
GARS	SUIKER
KANEEL	TUNA
KNOFFEL	UI
KOFFIE	VLEIS
MELK	WORTEL
PEER	SOUT

29 - Avontuur

```
N B E S T E M M I N G R A V
Q A M V N O P R O B L E M E
G Y T V R I E N D E O B M R
R H F U M M B T F V N A R B
K Q B I U B W P U R G K U A
G E V A A R L I K E E T I S
K N S K A N S L F U W I T E
N A V I G A S I E G O W S N
X O R D B Z F N Q D N I T D
Y L J K Z R V C U E E T A Q
S K O O N H E I D W L E P I
U I T D A G I N G S E I P W
D A P P E R H E I D Z T I T
D R E N T O E S I A S M E Y
```

AKTIWITEIT	NAVIGASIE
BESTEMMING	NUWE
ENTOESIASME	ONGEWONE
UITSTAPPIE	REIS
GEVAARLIK	SKOONHEID
KANS	UITDAGINGS
DAPPERHEID	VERBASEND
PROBLEME	VREUGDE
NATUUR	VRIENDE

30 - Circus

```
L  J  O  N  G  L  E  U  R  N  N  T  I  K
M  R  Y  F  H  L  O  K  U  Q  J  I  Q  A
Z  U  T  O  W  E  R  K  U  N  S  E  T  A
I  C  S  J  W  M  O  O  A  D  L  R  E  R
B  K  H  I  J  X  N  S  K  I  G  B  N  T
R  T  G  V  E  E  S  A  A  P  I  S  T  J
K  G  L  L  E  K  K  E  R  G  O  E  D  I
P  B  A  L  L  O  N  N  E  D  L  V  E  E
T  O  W  E  N  A  A  R  K  Q  I  I  U  U
R  T  O  E  S  K  O  U  E  R  F  E  C  U
U  H  U  U  A  K  R  O  B  A  A  T  R  B
U  P  A  R  A  D  E  K  O  A  N  Z  Y  E
K  O  S  T  U  U  M  G  L  O  T  T  W  J
V  E  R  M  A  A  K  A  R  I  Z  Y  L  M
```

AAP	TOWERKUNS
AKROBAAT	MUSIEK
BALLONNE	OLIFANT
NAR	PARADE
DIERE	LEKKERGOED
TOWENAAR	TENT
JONGLEUR	TIER
KAARTJIE	TOESKOUER
KOSTUUM	TRUUK
LEEU	VERMAAK

31 - Restaurant #2

```
K Z G Z O O M L K S N N X V
H E Y L K O I W O N L G C F
G C L E P E L Z E V S A L C
R A A N D E T E K S O P A J
O N L G E A O H B B O G H I
E O I K D R J E E V S A V M
N E F S P E S E R Y E U N I
T D B T E I E R S S O U T D
E E H O W Q G L W B Z E M D
U L W E B Y F I H S L D K A
Q S A L P E O K Y V U R K G
A H T I M L H E S I V A S E
Z Y E V R U G T E S E N M T
C E R C C I V A G I Q K N E
```

KOEK	NOEDELS
AANDETE	KELNER
DRANK	SLAAI
EIERS	SOP
VRUGTE	SPESERYE
GROENTE	STOEL
HEERLIKE	VIS
YS	VURK
LEPEL	WATER
MIDDAGETE	SOUT

32 - Bijen

```
S  E  H  E  U  N  I  N  G  V  R  E  X  D
V  T  J  I  K  O  S  O  N  L  O  M  K  I
P  R  U  B  L  O  M  M  E  E  O  Z  O  V
I  Z  U  I  W  A  S  O  I  R  K  A  N  E
H  A  Q  G  F  U  U  I  B  K  I  O  I  R
A  W  R  I  T  M  I  N  S  E  D  S  N  S
B  U  S  Z  Q  E  E  S  K  T  D  T  G  I
I  K  X  B  B  L  O  E  I  S  E  L  I  T
T  R  D  K  Y  I  U  K  L  O  K  E  N  E
A  B  E  S  T  U  I  W  E  R  O  Z  M  I
T  U  I  N  A  X  Y  S  W  E  R  M  M  T
V  O  O  R  D  E  L  I  G  E  F  J  M  P
E  I  L  I  Q  T  Y  E  J  L  F  Z  E  X
P  K  Z  T  W  R  E  U  H  L  V  G  I  I
```

BESTUIWER	KONINGIN
KORF	ROOK
BLOMME	STUIFMEEL
BLOEISEL	TUIN
DIVERSITEIT	VLERKE
EKOSISTEEM	KOS
VRUGTE	VOORDELIGE
HABITAT	WAS
HEUNING	SON
INSEK	SWERM

33 - School #1

```
R B S K L A S K A M E R P Z
A W A P O T L O O D K K E B
F I W F C W N F J O S H N I
J D B O E K E Q A C A Q N B
D O P G E H O U M B M M E L
M O R L W G F I I B E S B I
E M E E I B J Z D U N T P O
R T T S V T B D S S O V T
K E F S K W M P A P I E R E
E L C E U T B P G U O L I E
R E F N N E N I E X L V E K
S E T A D W Y Q T N S X N I
P R D A E R D W E F U O D W
U L D R O N D E R W Y S E R
```

ALFABET
BIBLIOTEEK
BOEKE
LESSENAAR
EKSAMENS
KLASKAMER
ONDERWYSER
OM TE LEER
MIDDAGETE
DOPGEHOU

MERKERS
PAPIER
PENNE
PRET
POTLOOD
QUIZ
STOEL
VRIENDE
WISKUNDE

34 - Wandelen

```
S G K R A N S S W A A R D S
C N L K A A R T E I V Z O T
Q J I L Z B H T H G L Q R E
I E M I O E R M K E C D B W
J J A P I R D Z M V H M E E
M F A P B A I J O A C X R L
O U T E Y A E Ë W R C Q G S
E C S O L D R F N E M B I K
G Y O K L G E G A T P I J A
V I N D I U W F T M A P M M
P J S T Q E A R U L R S E P
D T I P R S T S U D K A I E
N X Z E J Y E E R B E B T E
V O O R B E R E I D I N G R
```

BERG	NATUUR
DIERE	ORIËNTASIE
GEVARE	PARKE
KAART	KLIPPE
KAMPEER	BERAAD
KRANS	VOORBEREIDING
KLIMAAT	WATER
STEWELS	WILDE
MOEG	SON
MUSKIETE	SWAAR

35 - Ecologie

```
H V R F K Y X X S F N K P P
J D T B L C J V J I A S H Y
V I M Q I O L R B U T U C W
P V Q N M O R M C A U D N K
L E S J A R N A T U U R M A
A R H N A L S R V O R O A G
N S K A T E O I T Z L O R L
T I A K B W K E L S I G S O
E T N Z E I U N N P K T H B
G E P L A N T E A E E E F A
R I M N W G J A E S F E I L
O T N M E B F W T I C M J E
E X L O O W X L B E R G E M
I J K D W B O S Z S E E M E
```

BERGE

DIVERSITEIT

DROOGTE

FAUNA

FLORA

GLOBALE

HABITAT

KLIMAAT

MARIENE

MARSH

NATUUR

NATUURLIKE

OORLEWING

PLANTE

SPESIES

PLANTEGROEI

36 - Installaties

```
C N X K J O V M N G W A O P
P L A N T K U N D E R T O L
U K Q S Z H L M B B L A D A
B A M B O E S O L O W A S N
L O W O M N T S O O O M J T
A Y O S V V M P M N R T K E
R B L M Z J C K K T T D A G
E L P L A N T E L J E Y K R
I O K U N S M I S I L F T O
Q E F L O R A W T E M Y U E
A I J T T I Q G D M F O S I
M S B U U V V Q S Q U O P D
B E S S I E A W B N A D V G
D L E M N T P P E Z U N L B
```

BAMBOES	BLARE
BESSIE	GRAS
BLAD	KLIMOP
BLOM	PLANTE
BLOEISEL	KUNSMIS
BOOM	MOS
BOONTJIE	PLANTKUNDE
BOS	TUIN
KAKTUS	PLANTEGROEI
FLORA	WORTEL

37 - School #2

```
W G X P A P I E R P E N N E
A K A D E M I E S E B I O L
N U L N L C Q F Z G C F Y R
B I B L I O T E E K M W G U
S U R O N D E R W Y S E R G
Y K S P O T L O O D W T A S
R E K E N A A R D S I E M A
S H U I S W E R K M S N M K
K A L E N D E R D K K S A N
Ê E O X F V V K V N U K T A
R D Z S J W C X V P N A I W
W O O R D E B O E K D P K E
L I T E R A T U U R E C A K
K O N D E R W Y S K O E N E
```

AKADEMIESE	PAPIER
BIBLIOTEEK	PENNE
BUS	POTLOOD
REKENAAR	RUGSAK
GRAMMATIKA	SKÊR
HUISWERK	SKOENE
KALENDER	NAWEKE
ONDERWYSER	WETENSKAP
LITERATUUR	WISKUNDE
ONDERWYS	WOORDEBOEK

38 - Oceaan

```
Z O Q W G P O P L S O U T K
J N M P A L I N G Q P C O R
A V O U R L V C W F A O T A
L S Z M N H V X O H D F N P
G K P H A A I I G E T Y E S
E I W C L V P N S I R W L E
C L H J E L L I E V I S M E
P P I T U N A V I S D B P K
R A Z A L S H A O O K O Q A
I D C O J X T Y G M O O E T
F D O L F Y N O L Z R T O A
O E S T E R M E R R A V E B
L Z U C B I Q J O M A R F S
P N I L N J V H H A L L W J
```

PALING	SEEKAT
ALGE	OESTER
BOOT	RIF
DOLFYN	SKILPAD
GARNALE	SPONS
GETYE	STORM
HAAI	TUNA
KORAAL	VIS
KRAP	WALVIS
JELLIEVIS	SOUT

39 - Landen #2

```
P O P S J P M G F V O S R G
N E P A L A O S M J E O U R
V Q U A F W P G Q S K M S I
N I G E R I Ë A D M R A L E
I F A T A E L S N D A L A K
Y X N H N R I I L E Ï I N E
M M D I K L B N B N N Ë D L
H A A O R A A D C E E B H A
M L O P Y N N O F M R S B N
L E A I K D O N X A B I S D
S I X Ë L G N E K R H R Ë P
X S G I S K M S W K D I E M
T I D M K S V I U E Z Ë W Z
F Ë Q C B O E Ë D K E N I A
```

DENEMARKE	LIBERIË
ETHIOPIË	MALEISIË
FRANKRYK	MEXIKO
GRIEKELAND	NEPAL
IERLAND	NIGERIË
INDONESIË	UGANDA
JAPAN	OEKRAÏNE
KENIA	RUSLAND
LAOS	SOMALIË
LIBANON	SIRIË

40 - Bloemen

```
B L O M B L A R E Z P T S L
O R G I D E E V R B L Q F A
J G P I O E N N A O U H V V
M A D E L I E F I E M H P E
Y R S M L E L I E K E P M N
F D R M A J N H C E R A R T
U E P O Y G C J O T I S Z E
W N Z P S N N G Q U A S P L
M I N V Y E S O K L R I A X
L A Z Y P I T P L P K E P P
I H A J F C L H A I H B A P
L Y J Q L Q U N W O A L W Y
A L T P A A R D E B L O E M
H I B I S K U S R Q M M R D
```

BLOMBLARE	MAGNOLIA
BOEKET	ORGIDEE
GARDENIA	PAARDEBLOEM
HIBISKUS	PAPAWER
JASMYN	PASSIEBLOM
KLAWER	PIOEN
LAVENTEL	PLUMERIA
LELIE	ROSE
LILA	TULP
MADELIEFIE	

41 - Huisdieren

```
Y  X  V  Z  R  G  V  Y  W  H  P  I  M  W
Y  M  U  I  S  G  E  S  Y  H  A  F  L  K
H  A  A  S  S  K  E  E  K  D  P  T  A  T
O  Y  A  T  Q  H  A  M  S  T  E  R  D  J
N  D  Y  K  V  O  R  T  G  Q  G  W  K  T
D  G  H  Z  P  N  T  L  C  M  A  W  O  K
J  V  E  C  A  D  S  S  Y  R  A  H  C  O
I  X  E  Y  O  A  K  K  E  D  I  S  K  S
E  K  R  A  A  G  A  I  K  S  U  T  L  J
B  O  Z  V  Z  E  T  L  D  P  U  E  O  V
X  E  U  U  D  Y  J  P  D  E  O  R  U  V
F  I  H  H  M  Y  I  A  D  A  O  T  E  I
B  X  X  P  H  S  E  D  Q  P  U  C  E  C
O  W  A  T  E  R  E  V  T  V  R  B  O  K
```

VEEARTS	KRAAG
BOK	MUIS
AKKEDIS	PAPEGAAI
HAMSTER	POTE
HOND	HONDJIE
KAT	SKILPAD
KATJIE	STERT
KLOUE	VIS
KOEI	KOS
HAAS	WATER

42 - Landschappen

```
W E W Q S J T E B Z G Q W W
Y E N Z C G O O P U R F O R
S E E O P J O T D W O M E H
K G E Y S E R A Q O T S S K
O S E A A N I B S B H T T X
K G H B H Y V J M E E R Y F
M O E R A S I Z T R I A N X
C X U B K B E D R G S N H C
I W W A T E R V A L A D Z Y
T O E N D R A V A B V T C S
R M L V L G U V U L K A A N
G L E T S E R E L R L E V Y
E I L A N D E S I G M E G R
S K I E R E I L A N D J I L
```

BERG	OSEAAN
EILAND	RIVIER
GEYSER	SKIEREILAND
GLETSER	STRAND
GROT	TOENDRA
HEUWEL	VALLEI
YSBERG	VULKAAN
MEER	WATERVAL
MOERAS	WOESTYN
OASE	SEE

43 - Tuin

```
S V P N X H F X B O S K M M
D I N H Q N H A A O Q X P T
T I F B I J N W N I O Z H R
J U I N B L O M K N S R O A
H H I K O L R X C N D O D M
A E X N O G A R A G E T A P
R I Q S M W R D M G E S M O
K N Y T E R R A S T O E P L
F I W H D G R A S P E R K I
U N Y B D Y Q M L Q F A A E
X G N J R N L Z A N B H Y N
O N K R U I D M N I M B Q D
H A N G M A T W G F R E K A
T M C G R A A F Q I X W G I
```

BANK	ONKRUID
BLOM	ROTSE
BOOM	GRAAF
BOORD	SLANG
GARAGE	BOS
GRASPERK	TERRAS
GRAS	TRAMPOLIEN
HANGMAT	TUIN
HARK	STOEP
HEINING	DAM

44 - Katten

```
Z  V  O  S  H  D  N  J  J  G  N  F  C  Q
C  F  N  N  N  T  M  E  Y  A  F  O  H  V
X  L  A  P  S  A  F  B  A  R  G  J  W  B
S  N  F  X  T  N  A  F  Y  I  E  T  H  U
P  K  H  A  E  U  L  K  Y  K  K  V  E  E
E  L  A  R  R  U  A  C  S  C  Y  Q  Y  R
E  O  N  A  T  S  W  I  L  D  E  M  G  I
L  U  K  S  M  K  G  G  A  R  E  O  W  G
S  X  L  V  U  I  T  W  A  U  W  D  Q  L
E  P  I  T  I  E  M  C  P  I  Y  I  L  S
D  N  K  X  S  R  I  Y  F  W  G  O  H  D
C  Y  R  M  V  I  N  N  I  G  H  E  T  T
T  B  C  F  A  G  Q  I  M  L  U  K  U  D
B  O  N  T  N  G  Z  I  H  E  Y  T  H  V
```

BONT	ONAFHANKLIK
GARE	KLOU
GEK	SLAAP
SNAAKS	VINNIG
JAGTER	SPEELSE
MIN	STERT
MUIS	SKAAM
NUUSKIERIG	WILDE

45 - Beroepen #2

```
S P E U R D E R W Z V G R R
T U I N I E R X O Y F B X U
T A N D A R T S P M H Q I I
J O E R N A L I S L C X O M
B I B L I O T E K A R I S T
T Q Q B N N A V O R S E R E
C H I R U R G Z V E M G I V
B I O L O O G E F Y P B E A
S K I L D E R A N C F O B A
F I L O S O O F M I A E I R
G E N E E S H E E R E R M D
O N D E R W Y S E R I U S E
F O T O G R A A F O B D R R
V L I E Ë N I E R D E Z K R
```

GENEESHEER	INGENIEUR
RUIMTEVAARDER	JOERNALIS
BIBLIOTEKARIS	ONDERWYSER
BIOLOOG	NAVORSER
BOER	VLIEËNIER
CHIRURG	SKILDER
SPEURDER	TANDARTS
FILOSOOF	TUINIER
FOTOGRAAF	

46 - Komedie

```
E A U H T G R A P P I E S C
X K N Q I E S N A A K S X R
G T S H N O L G E H O O R J
P R L P A K T E U R P L Q U
B I I Q R O C K V S A X T F
G S M C R E Q E Y I J K E V
G E N R E P S N A R S A A Z
K R R W C A R S T L K I T L
P G L U D R A E I A F R E A
N X H U M O R S T E T G R G
K D R G T D L Y C G W L U O
C N V Q J I X R O P R E P G
H L A B T E A P P L O U S L
I M P R O V I S A S I E N V
```

AKTEUR	HUMOR
AKTRISE	IMPROVISASIE
APPLOUS	PARODIE
NARRE	PRET
EKSPRESSIEWE	GEHOOR
LAG	SLIM
GENRE	TELEVISIE
GRAPPIES	TEATER
SNAAKS	

47 - Dagen en Maanden

```
M  J  U  N  I  E  A  K  U  W  A  T  C  L
J  A  N  U  A  R  I  E  H  O  V  G  I  W
M  A  A  N  D  D  O  N  D  E  R  D  A  G
J  U  O  R  V  N  G  A  S  N  Y  S  B  F
U  G  S  I  T  Y  D  I  N  S  D  A  G  E
L  U  O  E  M  W  V  Y  C  D  A  T  P  B
I  S  N  H  P  A  C  V  X  A  G  E  J  R
E  T  D  S  M  T  A  L  O  G  B  R  A  U
F  U  A  O  X  I  E  N  G  P  T  D  A  A
I  S  G  W  H  R  Z  M  D  I  J  A  R  R
N  O  V  E  M  B  E  R  B  A  U  G  Y  I
K  A  L  E  N  D  E  R  W  E  G  H  L  E
H  C  O  K  T  O  B  E  R  V  R  V  M  Y
O  B  Z  K  D  K  Q  L  Z  F  G  F  T  H
```

AUGUSTUS	MAANDAG
DINSDAG	MAART
DONDERDAG	NOVEMBER
FEBRUARIE	OKTOBER
JAAR	SEPTEMBER
JANUARIE	VRYDAG
JULIE	WEEK
JUNIE	WOENSDAG
KALENDER	SATERDAG
MAAND	SONDAG

48 - Beeldende Kunsten

```
S A M E S T E L L I N G A F
R K P O T L O O D A W A S J
H G I M E E S T E R S T U K
E O B L V V M Y W G W U H Q
E D E H D V F B V I M H F L
N T S E F E K I E T F O T O
P T K B A I R L R E I U S A
E S E L Y K Y Y N K L T L Y
P O R T R E T S I T M S Y T
K E R A M I E K S U U K D L
A V J R V X I O L U R O K L
K P D U C K L U P R C O L K
S K E P P I N G S E F L E O
K U N S T E N A A R N H I O
```

ARGITEKTUUR	KRYT
KUNSTENAAR	MEESTERSTUK
SKEPPINGS-	PEN
ESEL	PORTRET
FILM	POTLOOD
FOTO	SAMESTELLING
HOUTSKOOL	SKILDERY
KERAMIEK	VERNIS
KLEI	WAS

49 - Menselijk Lichaam

```
M Z Y V E L D W T N F N O B
Y O A W K N R B Y A I E C W
B E F A S J K E N T T U M H
G R C U C V A E L K O S A A
C B E O H L K N L D O N A R
D L L I A X E N E K R C G T
T O M O N D B O N O E K X S
S E B Z D X E H R P T N G Z
K D O S A W E O Z G Z I C X
O K O F V I N G E R P E I X
U R G R O H G W A T D N Y G
E I I L V H O X J L F L F S
R C Z A I U G X Y G J J J Z
V N Z N G O X N N F M D B K
```

BEEN	KEN
BLOED	KNIE
ELMBOOG	MAAG
ENKEL	MOND
HAND	NEK
HART	NEUS
BREIN	OOR
KOP	SKOUER
VEL	TONG
KAKEBEEN	VINGER

50 - Familie

```
D K I N D E R S U S T E R V
K L E I N S E U N W A T X O
B E X B G K G H Q O G R E O
R I S G F Y F D N Y Z V K R
O N I G G I E B U Q M A N O
E K I N D E R J A R E D G U
R I P L Y L T D O G T E R E
V N N C Q E A V A D E R M R
B D D E Y Q N R T T Q L P O
O U P A E R N O Q P K I N D
O U Y A K F I U E A O K M T
M Q M M K J E S M O I E W A
A D R A M P T H A G P B T Y
X R A M V G B H S T U T H S
```

BROER	NEEF
DOGTER	NIGGIE
OUMA	OOM
KINDERJARE	OUPA
KIND	TANNIE
KINDERS	VADER
KLEINKIND	VADERLIKE
KLEINSEUN	VOOROUER
MAN	VROU
MA	SUSTER

51 - Gebouwen

```
K A J U I T V T M S F Q I R
T O R I N G Q E U S K Z H L
S P P F A M B A S S A D E A
R U E H A E C T E P S W H B
S V P K A B F E U C T O O O
K D D E C D R R M E E O S R
U S E A R O A I V E E N P A
U O T R R M D T E K L S I T
R I U A R F A T P K T T T O
F J M R D Z B R K D E E A R
S K O O L I L B K L N L A I
H D M C U H O T E L T P L U
G A R A G E Z N J P Y I S M
S T E R R E W A G P L A A S
```

AMBASSADE	STERREWAG
WOONSTEL	SKOOL
PLAAS	SKUUR
KAJUIT	STADION
FABRIEK	SUPERMARK
GARAGE	TENT
HOTEL	TEATER
KASTEEL	TORING
LABORATORIUM	HOSPITAAL
MUSEUM	

52 - Kunst

```
S Q S B P V I S U E L E O S
K X H U F O D D L U R C N A
I B Q I U X Ë X I X J K D M
L T U H V E Y S X U F E E E
D I F I G U U R I H S R R S
E S H U T V P Q X E T A W T
R I I N Q D X L E Z Y M E E
Y M B F E E R L I K S I R L
E B E E N V O U D I G E P L
O O R S P R O N K L I K E I
U O Y D R F E Q S K E P H N
M L K O M P L E K S I W D G
U I T B E E L D I N G N I L
B E E L D H O U W E R K G R
```

BEELDHOUWERK	OORSPRONKLIKE
KOMPLEKS	POËSIE
SKEP	UITBEELDING
EENVOUDIGE	SAMESTELLING
EERLIK	SKILDERYE
FIGUUR	SIMBOOL
BUI	UITDRUKKING
KERAMIEK	VISUELE
ONDERWERP	

53 - Beroepen #1

```
A P R O K U R E U R M G Z G
A M G A Z F E N I R U E L V
W T B A D H B F V R S O O T
D V L A K Y J K E E I L O M
R O B E S Q V S R D K O D J
B A K M E S D Y P A A O G P
Z Q S T M T A E L K N G I B
Y F N Z E J N D E T T L E T
F J G F T R S V E E A R T S
J U W E L I E R G U X D E H
P I A N I S R S S R R R R U
A P T E K E R M T Q B Q S L
S Q E B A N K I E R W N F R
J A G T E R C R R H A Y U M
```

PROKUREUR	REDAKTEUR
AMBASSADEUR	GEOLOOG
APTEKER	JAGTER
ATLEET	JUWELIER
BANKIER	LOODGIETER
DANSER	MUSIKANT
VEEARTS	PIANIS
DOKTER	VERPLEEGSTER

54 - Kastelen

```
F K E S W Y T M W O T T W K
E M G G E B J E G F A Z A E
O D Y W M K P A L E I S P R
D E E B U F F E L W I L E K
A F M L U W I D R A A K N E
L P I I R Q Z C G D E P R R
E U R U X R Z V Q K W R U R
K O N I N K R Y K A W I S Y
T O R I N G C V H T R N T K
Q S K D R S T L X A I S I K
R I D D E R L Q F P Q E N R
S W A A R D T N D U P S G O
O O U R I H K S W L G P A O
S K I L D I N A S T I E Z N
```

DRAAK
DINASTIE
EDEL
BUFFEL
FEODALE
WAPENRUSTING
KATAPULT
KERKER
KONINKRYK
KROON

MUUR
PERD
PALEIS
PRINS
PRINSES
RIDDER
RYK
SKILD
TORING
SWAARD

55 - Insecten

```
K E W E R V M O T N M Q W Y
A P P V L Z L I R Z A U U U
K S E T P L C O E V N U R D
K K R E P L P Y O R T R M U
E O D R L L O R L I I B M B
R E E M Z A A R K I S D J Y
L N B I S R M N C I C A D A
A L Y E B W I M T D V A J E
K A W T Y E K U V L W X I E
Q P J E E C O S R A U X Q Q
O P S P R I N K A A N I L A
H E L I I E O I E E S F S P
P R N A A L D E K O K E R K
H G P T V R G T O N D Q L Q
```

MANTIS	MOT
BYE	MUSKIET
PLANTLUIS	SPRINKAAN
CICADA	TERMIET
KAKKERLAK	SKOENLAPPER
KEWER	VLOOI
LARWE	PERDEBY
NAALDEKOKER	WURM
MIER	

56 - Antarctica

```
O Q M P I K K E W Y N E B R
B M K Q I A O E B S B A A I
E R G T I T X N I O T C I W
W O M E X S H H T L T B U O
A T I M W D L L W I A O L L
R S G P M I Q I A V N N E K
I A R E Q S N Y T E Y E D E
N G A R R K M G E P D R N E
G T S A N A V O R S E R L T
I I I T E K S P E D I S I E
K G E U G L E T S E R S J L
W E U U M I N E R A L E X D
X R W R T O P O G R A F I E
S K I E R E I L A N D L P B
```

BAAI	OMGEWING
BEWARING	NAVORSER
KONTINENT	PIKKEWYNE
EILANDE	ROTSAGTIGE
EKSPEDISIE	SKIEREILAND
GLETSERS	TEMPERATUUR
YS	TOPOGRAFIE
MIGRASIE	WATER
MINERALE	WOLKE

57 - Ballet

```
E S H W E A G U M V X E L Y
O X L Z N P R W P U N S R L
K U O R W P A S Y G S P A C
X E G E J L S H F Y B I P R
A W M P F O I S W B A E E D
O R K E S U E T H J L R G K
E I T T Z S U Y V L L E E O
F T Z I U F S L B V E I B M
E M Y S S G E H O O R J A P
N E Z I O T C X X H I U A O
L W R E E W I J Q X N M R N
D A N S E R S E T O A Q Z I
T E G N I E K P K F F F K S
E K S P R E S S I E W E N C
```

APPLOUS	OEFEN
ARTISTIEKE	GEHOOR
BALLERINA	REPETISIE
KOMPONIS	RITME
DANSERS	GRASIEUSE
EKSPRESSIEWE	SPIERE
GEBAAR	STYL
MUSIEK	TEGNIEK
ORKES	

58 - Vissen

```
Q V I E O M S H D R A A D P
X D B M O S T A A S Q B M P
R N H C G E R A O S E A A N
G B F J E I A K O O K T N M
O Z R C W S N M V K A O D J
Y O G S I O D C C X K E J S
K Y R G G E B O O T E R I K
W V I D E N V Y K U B U E I
A F V H R D V I N N E S H E
T N I E W Y U M V Z E T L W
E M E E R T W L Q C N I E E
R D R H A N N I D K S N W N
C D N Q P K A W N K L G G I
X V F R Q N M L Q G Y X K P
```

AAS	MANDJIE
TOERUSTING	MEER
BOOT	OSEAAN
DRAAD	OORDRYWING
GEDULD	RIVIER
GEWIG	SEISOEN
HAAK	STRAND
KAKEBEEN	VINNE
KIEWE	WATER
KOOK	

59 - Fruit

```
P A P A J A K E R S I E P P
C Y S A S I C R E G R L R I
W S N P A Q K I W I I M U E
N U K A A P Z M Z L X J I S
P U K P P N P A O Q F D M A
E R L T P P S E N C N B D N
R L A Y E I E P L P E E R G
S E P A L X H L E Y K S U K
K M P C K U M L P K T S I K
E O E Y O R A N J E A I W P
R E R P O B N Z P Z R E E L
J N W R S E G O D N I X S O
D F R A M B O O S Q E O N O
A V O K A D O T R A N M Q N
```

APPELKOOS	KIWI
PYNAPPEL	KLAPPER
APPEL	MANGO
AVOKADO	SPANSPEK
PIESANG	NEKTARIEN
BESSIE	ORANJE
SUURLEMOEN	PAPAJA
DRUIWE	PEER
FRAMBOOS	PERSKE
KERSIE	PRUIM

60 - Literatuur

```
E  T  P  O  Ë  T  I  E  S  E  G  D  T  W
Q  X  E  A  N  E  K  D  O  T  E  I  R  N
V  C  W  M  Z  F  I  K  S  I  E  A  A  E
F  E  H  H  A  N  A  L  I  S  E  L  G  A
R  Q  R  M  E  T  A  F  O  O  R  O  E  B
I  Y  V  G  S  T  Y  L  Q  J  K  O  D  E
T  A  M  D  E  J  M  E  J  Q  I  G  I  S
M  O  V  S  D  L  O  P  I  N  I  E  E  K
E  V  L  F  V  X  Y  J  M  R  R  G  Y  R
V  D  E  F  B  K  P  K  P  F  P  E  W  Y
A  N  A  L  O  G  I  E  I  I  R  D  W  W
B  G  R  X  E  M  A  M  T  N  U  I  S  I
O  R  O  V  K  V  X  C  J  R  G  G  O  N
E  Q  E  K  H  L  J  O  U  T  E  U  R  G
```

ANALOGIE	BESKRYWING
ANALISE	POËTIESE
ANEKDOTE	RYM
OUTEUR	RITME
DIALOOG	BOEK
FIKSIE	STYL
GEDIG	TEMA
OPINIE	TRAGEDIE
METAFOOR	VERGELYKING

61 - Technologie

```
G L I N T E R N E T Q C D G
R D Ê B O O D S K A P E K F
E I R E K E N A A R T K G F
P G E X R S A G T E W A R E
E I D T Q L V J T D Y M D S
S T T M B F O N T A H E U E
A A V R D G R W E T X R A K
B L O G Q E S N L A Q A E U
G E S T A T I S T I E K E R
D Q E W F B N K W N T S L I
I K X F Y J G O E V A K R T
V I R U S S V I R T U E L E
Y I M A B S E L E S E R K I
Z H E S C M X R J R S M G T
```

BOODSKAP	INTERNET
LÊER	FONT
BLOG	NAVORSING
LESER	SKERM
GREPE	SAGTEWARE
KAMERA	STATISTIEKE
REKENAAR	SEKURITEIT
WYSER	VIRTUELE
DIGITALE	VIRUS
DATA	

62 - Boeken

```
R B V Q Z G L I T E R Ê R E
P O Ë S I E T D S T O R I E
H E R G I S O U O U T E U R
I K K E K K A E S J K V F
S A O D Q R B L A D S Y I A
T M N I R Y R I R V N U N V
O V T G X F G T M G Z E D O
R V E R S A M E L I N G I N
I H K M A F T I C P A F N T
E F S T F G T T P R H I G U
S L E S E R I W W A W S R U
E P I E S E L E Q E Y I Y R
R E L E V A N T S E S W K O
H U M O R I S T I E S E E C
```

OUTEUR

AVONTUUR

BLADSY

VERSAMELING

KONTEKS

DUALITEIT

EPIESE

GEDIG

GESKRYF

HISTORIESE

HUMORISTIESE

VINDINGRYKE

LESER

LITERÊRE

POËSIE

RELEVANT

BOEK

TRAGIES

STORIE

63 - Meer Informatie

```
O  F  D  R  E  A  L  I  S  T  I  E  S  E
N  U  I  O  Z  V  Q  H  B  Z  S  D  H  S
T  T  S  D  R  V  X  U  L  O  C  N  K  T
P  U  T  E  U  A  V  I  U  V  E  C  T  E
L  R  O  N  T  F  K  T  R  U  N  K  T  R
O  I  P  K  L  A  R  E  X  U  A  P  E  R
F  S  I  B  U  N  O  R  L  R  R  L  G  E
F  T  E  E  T  T  B  S  X  V  I  A  N  S
I  I  T  E  O  A  O  T  F  T  O  N  O  T
N  E  E  L  P  S  T  E  N  V  J  E  L  E
G  S  A  D  I  T  T  V  T  M  C  E  O  L
Y  I  T  I  E  I  E  Y  L  K  T  T  G  S
Y  I  E  G  J  E  Z  I  L  L  U  S  I  E
X  X  R  E  N  S  H  E  E  L  A  L  E  L
```

TEATER	ORAKEL
BOEKE	PLANEET
VUUR	REALISTIESE
DENKBEELDIGE	ROBOTTE
DISTOPIE	SCENARIO
ONTPLOFFING	STERRESTELSEL
UITERSTE	TEGNOLOGIE
FANTASTIES	UTOPIE
FUTURISTIES	HEELAL
ILLUSIE	

64 - Regenwoud

```
K H T F S X R B S L N W G A
V L E D F E C Z P U A A E A
O N I R O A E R E U T A M M
F O Z M S B W U S B U R E F
I V R G A T H K I O U D E I
Z L U L A A E J E T R E N B
R E S P E K T L S A M V S I
W T C B E W A R I N G O K E
D I V E R S I T E I T L A Ë
W O L K E A I N F E S L P T
I N H E E M S E G S H E N G
V O Ë L S O T T O E V L U G
Y J X I N S E K T E B G G M
S O O G D I E R E C Y O J L
```

AMFIBIEË	OORLEWING
BEWARING	RESPEK
BOTANIESE	HERSTEL
DIVERSITEIT	SPESIES
GEMEENSKAP	TOEVLUG
INHEEMSE	VOËLS
INSEKTE	WAARDEVOLLE
KLIMAAT	WOLKE
MOS	SOOGDIERE
NATUUR	

65 - Haartypes

```
D N R S A G Y H Q I F K G G
O Z M Z B W I W B T A Z Z O
L A N K R U L L E R I G E L
K G E S O N D W J G U A X W
A R K F A C I P E S G I E E
A Y O M T F K B L O N D N N
L S R G H M R S I L W E R D
D U T E K V U W U Z A W O E
R U L V O X L A F L W M H H
O H N L P V L R F X E I R Z
Ë R Y E V E E T M S A G T E
V V B G E K L E U R D E Y D
T P Y F L H D P E L N M R Q
W M K C T E U D I L A P H B
```

BLOND	KOPVEL
BRUIN	KAAL
DIK	KORT
DROË	KRULLE
DUN	KRULLERIGE
GEKLEURDE	LANK
GEVLEG	WIT
GESOND	SAGTE
GOLWENDE	SILWER
GRYS	SWART

66 - Stad

```
L U N I V E R S I T E I T B
S U P E R M A R K B O Q X L
G M G X P L D A T L B P V O
F R L H M U S E U M O G A E
R W F B A E J P S V E A B M
E I G I R W L V J S K L L I
S N J B K X E R Q K W E A S
T K K L F S K O O L I R P T
A E D I E R E T U I N Y T E
U L A O H O T E L N K L E S
R O J T T N I H X I E S E C
A E X E E B A N K E L H K W
N U B E T R B A K K E R Y D
T D N K F U H S T A D I O N
```

APTEEK	LUGHAWE
BAKKERY	MARK
BANK	MUSEUM
BIBLIOTEEK	RESTAURANT
BLOEMISTE	SKOOL
BOEKWINKEL	STADION
DIERETUIN	SUPERMARK
GALERY	TEATER
HOTEL	UNIVERSITEIT
KLINIEK	WINKEL

67 - Natuur

```
E R O S I E S K U I L I N G
W T W S C A U M C B X R O L
I A R K T I E S E O X Q O E
L D I O O X G K N S Y Z D T
D I V H P S P N P U Q N S S
E E I N G I K R A N S E A E
A R E W T K E O J D P D A R
E E R O H Y Z S O I D D K N
H E I L I G D O M N Z H L J
L N L K B L A R E A H X I T
B V M E Q V D P L M C E K Y
B Y E I X J P U C I C P I P
L R O W S M N H G E Z R K D
W O E S T Y N R U S T I G E
```

ARKTIESE	MIS
BYE	RIVIER
BOS	SKOONHEID
DIERE	SKUILING
DINAMIES	RUSTIGE
EROSIE	TROPIES
BLARE	NOODSAAKLIK
GLETSER	WILDE
HEILIGDOM	WOESTYN
KRANSE	WOLKE

68 - Dinosaurussen

```
S  V  N  O  V  E  R  D  W  Y  N  I  N  G
G  R  O  O  T  T  E  V  O  L  U  S  I  E
G  R  O  O  T  G  U  O  K  X  P  K  B  H
U  C  U  S  P  E  S  I  E  S  R  A  W  E
R  X  Z  S  T  N  E  T  Q  I  O  R  G  R
F  C  F  I  B  O  O  Q  E  K  O  N  N  B
J  W  U  B  B  R  M  F  Z  R  I  I  R  I
A  A  R  D  E  M  N  V  E  A  T  V  E  V
K  K  W  V  C  E  I  A  W  G  L  O  P  O
G  I  P  H  C  X  V  J  Z  T  V  O  T  O
D  U  J  L  J  B  O  S  E  I  F  R  I  R
F  U  P  V  A  W  O  X  H  G  H  N  E  O
N  K  B  J  U  F  R  B  M  E  L  L  L  J
F  O  S  S  I  E  L  E  V  L  E  R  K  E
```

AARDE	REUSE
KARNIVOOR	OMNIVOOR
ENORME	PROOI
EVOLUSIE	REPTIEL
FOSSIELE	SPESIES
GROOT	STERT
GROOTTE	VERDWYNING
HERBIVOOR	BOSE
KRAGTIGE	VLERKE

69 - Zoogdieren

```
C O Y O T E K K A T A S K X
D O K Q R P W A L V I S A T
W O L F B E Z M D L H T M B
K A N G A R O E G O D K E Z
B O K K J D O E O I L E E U
J O Z F I B U L R T Z F L O
A I Y K T E B P I L E V Y C
K T S M U J W E L F L Y P N
K D U P T Z E R L H A A S R
A C S T O T E D A O A N H X
L Z X T P Z A H H N P F T M
S J Z F P Z X I W D G U R S
A F C Y F T I O Y Q I P B B
T R Y P K R D C H B E W E R
```

AAP	KANGAROE
BEWER	KAT
COYOTE	HAAS
DOLFYN	LEEU
DONKIE	OLIFANT
BOK	PERD
KAMEELPERD	BUL
GORILLA	JAKKALS
HOND	WALVIS
KAMEEL	WOLF

70 - 1 Jaar Geleden

```
B B T W P R A K T I E S E N
U E O Y W A P K K J R O S U
X Y S N A A K S G A H H K U
D O E L T R E F F E N D O S
S N B Y I G O E I E W G O K
J A L E I S I P S Q Y E N I
A F K I S E S B A Y S J R E
R H B X I K Z E W S E G U R
M A G D C L E M N A I J I I
A N U T T I G I E D I Ë M G
N K B P A S S I E V O L N I
T L A R T I S T I E K E B T
A I I N T E L L I G E N T E
M K B E T R O U B A A R P I
```

ARTISTIEKE	SNAAKS
NUTTIG	RUIM
BESKEIE	INTELLIGENTE
BESLISSEND	NUUSKIERIG
BETROUBAAR	ONAFHANKLIK
SJARMANT	PASIËNT
DOELTREFFEND	PRAKTIESE
PASSIEVOL	SKOON
GOEIE	WYSE

71 - Exploratie

```
B A O P W I N D I N G R M T
E K D M V Z R G Z A G E C A
P T U F G E V A A R L I K A
A I O J I M S D X Q U S N L
L W M U I T P U T T I N G X
I I T U V P A R R P H R S H
N T E Y H O F L Y B V U T X
G E L Z O N T D E K K I N G
D I E R E B I X X M L M U G
Y T E R R E I N P F O T W E
V E R R E K U L T U R E E V
J U G F I E F V G A U P D A
E J O E N N P A P P U B O R
D Y W I L D E B N Y O G B E
```

AKTIWITEIT	ONTDEKKING
BEPALING	OPWINDING
KULTURE	REIS
DIERE	RUIMTE
GEVAARLIK	TAAL
GEVARE	TERREIN
OM TE LEER	UITPUTTING
MOED	VERRE
NUWE	WILDE
ONBEKEND	

72 - Voertuigen

```
W T G T R E K K E R W J V Y
Q H E L I K O P T E R J L O
Y R Q F V S C O O T E R O F
B V R A G M O T O R V M T X
U A A B R M O I F M U D A L
S M N Q V T R E I N U X X R
L B D D F L J E E R R H I K
S U O U E N I M T G P E I A
C L A I R P K E S E Y N Y R
H A W K R M G U G A L J H A
A N K B Y O E N Z T P I B V
A S C O Z T R T W R U N U A
B V I O H O V V R Y W I E A
N O F T W R E Y B O O T G N
```

AMBULANS	DUIKBOOT
MOTOR	VUURPYL
BANDE	SCOOTER
BOOT	TAXI
BUS	TREKKER
KARAVAAN	TREIN
FIETS	FERRY
HELIKOPTER	VLIEGTUIG
METRO	VLOT
ENJIN	VRAGMOTOR

73 - Geografie

```
V O W D C U E L R H Q I S H
E U E W E N A A R G U M T O
B B T R I L S T R E E K A O
E D L N L D R I V I E R D G
R K D T A Y A T L A S J Q T
G L O D N M F U I N U R D E
Q E A N D E O D J U I F W K
K L Q N T R U E H O D R Y A
W E S N D I R O S E A A N A
W K F O V D N U X H E O A R
O C L O N I X E T A F L H T
I O K R Z A S U N S E E A Y
P G F D V A O R D T F L M L
O P Q J S N H A L F R O N D
```

ATLAS	MERIDIAAN
BERG	NOORD
LATITUDE	OSEAAN
KONTINENT	STREEK
EILAND	RIVIER
EWENAAR	STAD
HALFROND	HEELAL
HOOGTE	WES
KAART	SEE
LAND	SUID

74 - Kunstbenodigdheden

```
Z J A K R I E L O K K U E K
A A S H L E D S L A O I S R
R J G O M E D N I M S F E E
K L E U R E I V E E R S L A
L L L T S T O E L R J A W T
B O R S E L S R T A B E L I
J X R K P W J F T D M D F W
N E F O O A P A S T E L Z I
Z N W O T T P G L S K Y I T
N Q C L L E D I G J K H N E
H A D U O R F N E G Q Y K I
H R Q Q D Y K W U R F H K T
U I T V E Ë R N K A I Z N E
A S W G W A T E R V E R F Y
```

AKRIEL	KLEURE
WATERVERF	GOM
BORSELS	OLIE
KAMERA	PAPIER
KREATIWITEIT	PASTEL
ESEL	POTLODE
UITVEËR	STOEL
HOUTSKOOL	TABEL
INK	VERF
KLEI	WATER

75 - Barbecues

```
H F L A G U M U S I E K P M
O A I S H G I G V U R K E E
N M H O E N D E R R V M P S
G I U M J I D K S O U T E S
E L I E B R A A I I E G R E
R I T R T S G Z I Z J N T Z
B E N Q A L E A A N D E T E
K R O P M A T J T W H L Z E
S I D G A A E B P W S M Y F
Q F I E T I S R R G O Q F U
X S G L I E N B I A U R P H
S Z I Z E X G Y V L S R F F
Q E N F S K Q U G Z Z T E R
B J G S C O F L W A R M P F
```

AANDETE	MUSIEK
FAMILIE	PEPER
VRUGTE	SLAAIE
BRAAI	SOUS
GROENTE	TAMATIES
WARM	UIE
HONGER	UITNODIGING
HOENDER	VURKE
MIDDAGETE	SOMER
MESSE	SOUT

76 - Wetenschappelijke Discip

```
A M V M B B I O L O G I E G
U N O H E I P J N R D A Q E
S C E R Z G O Q V Z K O R O
X A D O G S A C H E M I E L
T R I B T Y N N H S O T T O
M G N O C C A O I E J M U G
S E G T T W T F K K M Q Q I
S O S I O L O G I E A I R E
T L C K E R M E E Y T Y E K
B O E A R S I E L K U N D E
M G V M I N E R A L O G I E
F I S I O L O G I E I U M H
Y E K J T H E K O L O G I E
M E T E O R O L O G I E J F
```

ANATOMIE	MEGANIKA
ARGEOLOGIE	METEOROLOGIE
BIOCHEMIE	MINERALOGIE
BIOLOGIE	SIELKUNDE
CHEMIE	ROBOTIKA
EKOLOGIE	SOSIOLOGIE
FISIOLOGIE	VOEDING
GEOLOGIE	

77 - Bijvoeglijke Naamwoorden

```
W V S T R O T S N I B D S P
I I A Q O M Z T A N E R L R
T Y L R D O A E T T S A A O
C Q H D S E U R U E K M P D
N O A O E G N K U R R A E U
O U H O N G E R R E Y T R K
R T W J O E Y E L S W I I T
M E S E P S D A I S E E G I
A N U H S O U T K A N S K E
L T I B O N U I E N D H N W
E I W S J D O E M T E L E E
P E E A Y I T W C V O G F L
J K R U C K J E D T N T D I
B E G A A F D E T W Z P B H
```

OUTENTIEKE	NUWE
BEGAAFDE	NORMALE
BESKRYWENDE	PRODUKTIEWE
KREATIEWE	SLAPERIG
DRAMATIES	STERK
GESOND	TROTS
HONGER	VARS
INTERESSANT	WILDE
MOEG	SOUT
NATUURLIKE	SUIWER

78 - Kleding

```
Y P Z X R M H G Z Q H H J B
A R M B A N D O S U E A Y T
S O K K I E S R E B M L G W
H T R U I N K D R D P S R V
A A N T R E K E P J M S M O
N B L O E S F L A V D N S O
D O D O M O D E P V T O U R
S O B H L R V C A P G E J S
K C G A J Q I S J A S R O K
O C I X A Z Z S A M K G S O
E Z N C Y D E D M C O E L O
N B R O E K J I A H E H Z T
E C Q E K T L I S H N M H L
S A N D A L E P E A Q R F V
```

ARMBAND	PAJAMAS
BLOES	GORDEL
BROEK	ROK
HANDSKOENE	SANDALE
HOED	SKOEN
JAS	VOORSKOOT
BAADJIE	HEMP
AANTREK	SERP
HALSSNOER	SOKKIES
MODE	TRUI

79 - Vliegtuigen

```
M G P A S S A S I E R N K Z
G O Z V F E Q K R H I A O T
E N O O S K R O E W E V N V
N T Z N P H O O G T E I S L
J W A T R Z G M D M M G T I
I E B U A T M O S F E E R E
N R E U D V I Z L K P E U Ë
F P M R Q P I Z Z U F R K N
B R A N D S T O F N G M S I
A E N T U R B U L E N S I E
L A N D I N G K M P B Y E R
L N I R I G T I N G H C G H
O M N W A T E R S T O F A T
N D G E S K I E D E N I S T
```

AFKOMS	LUG
ATMOSFEER	ENJIN
AVONTUUR	NAVIGEER
BALLON	ONTWERP
BEMANNING	PASSASIER
KONSTRUKSIE	VLIEËNIER
BRANDSTOF	SKROEWE
GESKIEDENIS	RIGTING
HOOGTE	TURBULENSIE
LANDING	WATERSTOF

80 - Herbalisme

```
O  S  I  B  D  X  P  V  C  J  F  R  G  P
R  A  Y  U  I  H  K  K  N  O  F  F  E  L
E  F  J  B  L  A  V  E  N  T  E  L  U  P
G  F  B  Q  L  P  H  G  D  H  E  R  R  I
A  R  L  E  E  H  O  R  R  Y  K  O  H  E
N  A  O  K  S  U  Z  O  A  V  U  O  L  T
O  A  M  P  N  T  C  E  G  W  L  S  U  E
V  N  T  G  P  I  A  N  O  M  I  M  D  R
I  S  O  T  I  E  M  N  N  C  N  A  T  S
N  I  M  W  W  M  V  N  D  P  Ê  R  U  I
K  X  C  O  X  I  W  Q  S  D  R  Y  I  E
E  E  J  R  G  E  H  A  L  T  E  N  N  L
L  O  A  R  O  M  A  T  I  E  S  E  A  I
M  A  R  J  O  L  E  I  N  H  Y  E  L  E
```

AROMATIESE	MARJOLEIN
BLOM	OREGANO
KULINÊRE	PIETERSIELIE
DILLE	ROOSMARYN
DRAGON	SAFFRAAN
GROEN	GEUR
BESTANDDEEL	TIEMIE
KNOFFEL	TUIN
GEHALTE	VINKEL
LAVENTEL	

81 - Meubels

```
F F R J I K K B O E K R A K
A U K P P W U Z X W Q A O V
U B T L W N S S N T O N K Y
S A O O S B S H S W S F I I
U T B G N T I I M I X Z V T
E G O R D Y N E Z H N F I R
M A T E J R G Q M A Z G D O
E Q O X L A M P M N P V S O
L E S S E N A A R G U P G S
S P I E Ë L T A N M E J R T
H A A A T M R W B A N K A E
I Y C F F E A L F T H B K R
S Q V N Q M S Q O R F E K S
L G L E U N S T O E L D E U
```

BANK	KUSSING
BED	KUSSINGS
BOEKRAK	LAMP
LESSENAAR	MATRAS
TROOSTERS	RAKKE
LEUNSTOEL	SPIEËL
FUTON	STOEL
GORDYNE	MAT
HANGMAT	

82 - Piraten

```
E  P  B  E  L  I  T  T  E  K  E  N  A  M
T  I  A  T  E  E  U  G  T  S  X  B  V  A
O  O  L  P  G  S  L  E  G  T  E  E  O  N
I  S  F  A  E  A  A  U  O  J  K  M  N  K
K  E  T  Z  N  G  C  P  U  S  K  A  T  E
A  A  Z  X  D  D  A  X  D  V  Y  N  U  R
A  A  P  W  E  L  R  A  L  L  D  N  U  A
R  N  K  T  T  I  U  G  I  A  H  I  R  E
T  S  O  B  E  K  M  E  Z  G  S  N  E  N
Q  W  M  Y  R  I  N  V  F  D  G  G  K  D
V  A  P  I  J  F  N  A  S  T  R  A  N  D
Q  A  A  C  Q  M  I  A  W  N  O  S  X  V
A  R  S  X  J  Z  D  R  Y  R  T  L  U  L
C  D  G  X  V  U  G  T  H  T  I  K  R  N
```

ANKER	LEGENDE
AVONTUUR	LITTEKEN
BEMANNING	OSEAAN
EILAND	PAPEGAAI
GEVAAR	RUM
GOUD	SKAT
GROT	SLEGTE
KAART	STRAND
KAPTEIN	VLAG
KOMPAS	SWAARD

83 - Om in te Vullen

```
V  P  J  T  F  K  S  D  I  M  N  J  U  R
A  A  V  E  B  T  U  V  T  Y  A  V  W  T
A  K  T  L  O  B  D  W  G  G  Q  Z  O  L
S  K  I  N  K  B  O  R  D  U  U  P  O  Q
P  I  I  L  S  N  O  K  O  E  V  E  R  T
O  E  M  M  E  R  E  T  K  S  O  K  B  K
T  J  Q  T  K  Y  K  U  Z  A  R  S  A
E  R  K  M  A  N  D  J  I  E  P  A  B  L
U  V  J  Q  R  O  F  V  Y  X  L  T  U  L
L  A  A  I  T  Z  W  J  P  T  L  C  I  Z
G  H  V  U  O  D  T  X  K  J  U  E  S  P
V  I  G  K  N  P  F  V  V  F  F  Z  A  M
T  I  D  W  W  T  A  S  K  S  R  B  K  H
D  H  H  S  B  O  X  E  D  B  F  I  I  R
```

BUIS	LAAI
SKINKBORD	MANDJIE
BOKS	GIDS
EMMER	PAKKIE
KOEVERT	POT
BOTTEL	VAAS
KARTON	VAT
TAS	SAK
KRAT	

84 - Surfen

```
P R E T M A A G O L F N R S
U S P U I T T S T Y L K W J
B I T P Y R L A S T R A N D
E S T E O S E A A N Y I Z S
G K X E R G E W I L D E F P
I U W M R K T W E E R P X O
N I T Z B S T M M N M P F E
N M X C Z X T E H O A V P D
E W B X A X U E S K A R E S
R Z B S M B E V T Y S T V V
N I Q M O H B N F H J K Z N
C K A M P I O E N K L Z T A
A P G X Z G L N Y W S M M S
I I M D E J M P W R F E O F
```

ATLEET	PRET
BEGINNER	GEWILDE
UITERSTE	RIF
GOLF	SKUIM
KAMPIOEN	SPOED
STERKTE	SPUIT
MAAG	STYL
SKARES	STRAND
OSEAAN	WEER

85 - Rijden

```
D K P M D S P O E D K M O G
V J G E O R N V D Z A O N E
O E A L W T Q C B P A T G V
E V R A G M O T O R R O E A
T H A V Z A U R S Y T R L A
G A G W O Z S V F T D D U R
A J E C I E J E C I R Z K G
N P A D Y H R R M F E A G O
G T O N N E L K N V M T A G
E U L Y Z M M E Z N M J S T
R O P K J A I E D W E Y C Y
U P H B E H K R H A G M L W
P O L I S I E E H G E S W W
V E I L I G H E I D J D V C
```

MOTOR	SPOED
GARAGE	STRAAT
GAS	TONNEL
GEVAAR	VEILIGHEID
KAART	VERKEER
MOTORFIETS	VERVOER
ONGELUK	VOETGANGER
POLISIE	VRAGMOTOR
REMME	PAD

86 - Wetenschap

```
D F L A B O R A T O R I U M
E I G S H S E X O O X C W F
E S B J K H I P O T E S E E
L I B J N A T U U R A W T K
T K A T C M O L E K U L E S
J A C H E M I E S E Q Q N P
I G W A A R N E M I N G S E
E X F T B K L I M A A T K R
S M X O E V O L U S I E A I
W E F O S O Q E V N A D P M
G T D M Q S M I N E R A L E
G O R G A N I S M E G T I N
J D Y F E I T E W R J A K T
Q E T F Y B G F L K F N E J
```

ATOOM	LABORATORIUM
CHEMIESE	METODE
DEELTJIES	MINERALE
EVOLUSIE	MOLEKULES
EKSPERIMENT	NATUUR
FEIT	FISIKA
FOSSIEL	WAARNEMING
DATA	ORGANISME
HIPOTESE	WETENSKAPLIKE
KLIMAAT	

87 - Badkamer

```
T U U R N A V N B J F H E L
T O N J H G S P O N S E E P
A X I P L O P X R T M J A T
K M Z L W W I U R K R A A N
N X D I E A E N E N F Q O M
D N Q Q E T Ë Y L B R B Y S
G Q B E W E L N S T O R T S
B A D P L R L H J A Q U S W
M I L T H F V P A R F U U M
V U R O F R R Q M S P N E A
L O T I O N C A P S T O Q T
M A R L W J K N O A K O E B
H A N D D O E K E J D Ê O W
T U T B N W G F J U Z M R M
```

BAD	SJAMPOE
BORRELS	SPIEËL
STORT	SPONS
HANDDOEK	STOOM
KRAAN	MAT
LOTION	WATER
PARFUUM	TOILET
SKÊR	SEEP

88 - Speelgoed

```
V L I E G T U I G N J Y W J
V R A G M O T O R L P G F U
V E R B E E L D I N G T X B
L S I G A B O E K E J N B Q
I K T M B L E G K A A R T H
H A R G U N S T E L I N G I
A A E I H I Z H D I S Q G V
N K I P A J S H P R I P U E
D V N V K K R B H M O T O R
W X L L K E P O P X A M I F
E X D I B O O T A S M I M I
R L S P E L E T J I E S S E
K L E I V Ë R O B O T L K T
I R T Q I K R D O C G W P S
```

HANDWERK	POP
MOTOR	LEGKAART
BAL	ROBOT
BOEKE	SKAAK
BOOT	TREIN
DROMME	VERBEELDING
GUNSTELING	VERF
FIETS	VLIEËR
SPELETJIES	VLIEGTUIG
KLEI	VRAGMOTOR

89 - Muziekinstrumenten

```
G H B J Q H F Y S O D F F T
N O A N K L A V I E R L V R
D B N R W Z G R T O O U I O
H O J G P W O J M N M I O M
Z L O G S N T X N O P T O B
Q Q X M A R I M B A N B L O
J L R P K I T A A R H I E N
W L G N S H V A O O Z K C E
T A M B O E R Y N W S Q P A
J I F A F M A N D O L I E N
E Y K S O L J B V V L F Q U
L Y F U O P E R K U S S I E
L C B I N K L A R I N E T B
O V E N L K A L T G J E N E
```

BANJO	MARIMBA
TJELLO	HARMONICA
FAGOT	PERKUSSIE
FLUIT	KLAVIER
KITAAR	SAKSOFOON
GONG	TAMBOERYN
HARP	TROMBONE
HOBO	DROM
KLARINET	BASUIN
MANDOLIEN	VIOOL

90 - Activiteiten en Vrije Ti

```
I Y W S J I S O K K E R X T
S M U Z H W J T C E V B Y F
T F W Y D R H D A G U O B O
O E V L U G B A L P B T E B
K W N V I S V A N G O G C K
P X N N K R E I S C F H S Y
E E E R I X H S W D B O N A
R B R B A S K E T B A L A U
D S W E M U Z A F I L F V E
J G B K A M P E E R M R I G
I Q O N T S P A N Q I D G D
E Z K U N S I G P Q H A E X
S G S K I L D E R Y A N E K
T U I N M A A K T S R U R K
```

BASKETBAL	REIS
BOKS	SKILDERY
DUIK	NAVIGEER
GHOLF	TENNIS
VISVANG	TUINMAAK
STOKPERDJIES	SOKKER
BOFBAL	VLUGBAL
KAMPEER	STAP
KUNS	SWEM
ONTSPAN	

91 - Water

```
G D H V L O E D R K Y Z S S
S R O U P J W P E A L I Y T
V I S D M Y C E Ë N A A M O
S N E E U I V I N A Q V M R
U K A M Z M D R F A O O J T
T B A E M L S I Q L E G R B
G A N R W M Z I T G Y S Y G
E A W I Q T T S I E S H P O
I R A V E R D A M P I N G M
S E Q I V G O L W E Z T M I
E T B E S P R O E I I N G S
R Q O R O R K A A N G E X V
X Z C O J V C Z V M E E R Z
R T T K M W M H L I O D M R
```

STORT	VLOED
DRINKBAAR	REËN
GEISER	RIVIER
GOLWE	SNEEU
YS	STOOM
BESPROEIING	VERDAMPING
KANAAL	VOG
MEER	KLAM
OSEAAN	HUMIDITEIT
ORKAAN	RYP

92 - Schaken

```
S P E L K Z Q C D J R F S K
T T O E R N O O I U E S W O
R N M A J J M S A F Ë K A N
A J T M Y C X M G W L T R I
T A E P O Q U R O O S Y T N
E T L K A F V X N M F D C G
G F E A Q S S Y A I H F X I
I Q E M U J S K A Y S M E N
E L R P J S G I L Z P O O R
K O N I N G L X E K E Y Y C
T B I O H H L I V W L W I T
U H N E J X L F M I E N X A
T E E N S T A N D E R G G Z
Z J P U N T E T B V F Y E R
```

DIAGONAAL	SLIM
KAMPIOEN	SPEL
KONING	SPELER
KONINGIN	STRATEGIE
OM TE LEER	TEENSTANDER
OFFER	TYD
PASSIEWE	TOERNOOI
PUNTE	WIT
REËLS	SWART

93 - Boerderij #1

```
S  L  Z  M  D  H  I  K  L  O  Z  I  Y  V
A  L  A  U  Q  O  R  S  T  I  D  H  N  C
D  D  X  N  O  O  N  D  E  P  E  R  D  U
E  N  L  M  D  I  R  K  R  N  K  T  L  H
K  R  A  A  I  B  Y  E  I  K  U  D  D  E
U  J  T  L  E  J  O  X  O  E  N  Y  W  U
F  A  F  V  F  D  K  U  G  H  S  E  A  N
S  G  H  E  I  N  I  N  G  O  M  P  T  I
G  R  N  L  J  N  K  K  G  N  I  G  E  N
G  E  P  D  M  F  B  Y  O  D  S  B  R  G
K  A  L  F  D  K  K  A  T  E  C  O  W  O
H  O  E  N  D  E  R  Q  B  I  I  K  Q  D
H  C  Z  V  U  I  Y  F  C  Y  K  H  E  S
E  W  T  N  W  L  S  G  Y  A  T  U  L  V
```

BYE	KOEI
DONKIE	KRAAI
BOK	KUDDE
HEINING	LANDBOU
HOND	KUNSMIS
HEUNING	PERD
HOOI	RYS
KALF	VELD
KAT	WATER
HOENDER	SADE

94 - Huis

```
G C C I M R G S J N R D G G
A S W C E N K A M E R U S J
R P P D U B A X A N L A M P
A U U I B B G D E U R Q S B
G V Q W E H G M E Z P H L I
E M E G L Ë E U O Y L E A B
P N O J S N L F D F A I A L
S K O O R S T E E N F N P I
K O M B U I S A M B O I K O
E T I Y S K B M G U N N A T
L U X F T O E A J Q U G M E
D I Y B O C S T N P D R E E
E N W P R Z E C W S X A R K
R Z G U T N M G M O P F K M
```

BESEM	KOMBUIS
BIBLIOTEEK	LAMP
DAK	MEUBELS
DEUR	MUUR
STORT	PLAFON
GARAGE	SKOORSTEEN
KAGGEL	SLAAPKAMER
HEINING	SPIEËL
KAMER	MAT
KELDER	TUIN

95 - Kleuren

```
I R P I E N K J I W J O F M
G Q P I F P K T Q I I K Q M
E A Y S E P I A P N M T V G
E F Q F I B T A G D M D E E
L L C O R A N J E I I A E K
T J Y B Y V A G H G Z E R X
M A G E N T A N U O Q C K I
L Y C I Z V F M L G F C Q R
E O M G F U C H S I A Y B E
S J O E G O P R S B C B J P
W L V H R I G R Y S S P R E
A W B L O U M O V M H W E R
R U B S E U A O B R U I N S
T G U Q N W J I D N F S G V
```

BEIGE	MAGENTA
BLOU	ORANJE
BRUIN	PERS
SIAAN	ROOI
FUCHSIA	PIENK
GEEL	SEPIA
GRYS	WIT
GROEN	SWART
INDIGO	

96 - Verjaardag

```
W K V R I E N D E N W X M M
D E G E B O R E K A A R T E
G R G Q J K Y J O N G J R I
T S V E Q X S P E S I A A L
A E P H S X O L K V J A B I
P J J A Y K Z U G I B R R E
R V T Y K E E H E E G O X D
E F H E R I N N E R I N G E
T R U G E L U K K I G B V E
U I T N O D I G I N G S W B
P D K Y H A M Y G G E L J N
Y X T T R G D Y A P D B G D
V D T W Y S H E I D M Z A I
K A L E N D E R D C K U T J
```

KOEK	KALENDER
DAG	LIED
GEBORE	OUER
GELUKKIG	PRET
GESKENK	SPESIAAL
HERINNERINGE	TYD
JAAR	UITNODIGINGS
JONG	VIERING
KERSE	VRIENDE
KAARTE	WYSHEID

97 - Getallen

```
E E N V N E G E N T I E N W
A G T M E A G Z O H N H V O
T I E N P E S E S Y Y V Y F
X H I U J D R T W A A L F S
V Q C L F V L T V H T Z T E
D Z G C M O I W I I W M I W
I R H V D F Z E E E I K E E
M A I D O B C E R A N T N N
H A Z E Z Y C R N H T O D T
E A G R Y N Y V T A I W J I
S E S T I E N G Y Z G L W E
E L V I I G F L Y Y C S X N
W C E E Q E P X P F C O J T
E M F N E P N O Q B G M S P
```

AGT	TWEE
AGTIEN	TWINTIG
DERTIEN	VEERTIEN
DRIE	VIER
EEN	VYF
NEGE	VYFTIEN
NEGENTIEN	SES
NUL	SESTIEN
TIEN	SEWE
TWAALF	SEWENTIEN

98 - Boerderij #2

```
H V F L U J J X Y U Q N B K
K E G A R S K U U R A R E G
S J R M B O O R D U H O S E
H A O D O Z O L R Y P T P W
D I E R E K C L E E E S R P
F A N B R R K A F I J A O R
D O T M E L K M I Y K A E W
B Z E D H Y V A B Y O I I E
F Y U Q V O B F B E R C I I
L B E S K A P E S G I O N D
G F E K I W K G E E N D G E
M L P O O W K N F N G B O V
U W A S V R U G T E W P N Q
W L E Q G K F T R E K K E R
```

BYEKORF	LAM
BOER	LLAMA
BOORD	MELK
DIERE	RYP
EEND	SKAPE
VRUGTE	SKUUR
GARS	KORING
GROENTE	TREKKER
HERDER	KOS
BESPROEIING	WEIDE

99 - Voeding

```
W P R O T E Ï E N E L G K R
G Z G Y A E W K X J P E O P
I D E V I T A M I E N W O O
F D H W F B J H S B Q I L U
S S A R T A S W V F G G H T
T E L G X R B I T T E R I D
O G T K E E E T O E S Y D I
F E E Q J S E G L E O M R E
D U R N D O O A B T N A A E
O R K H N U P N X L D F T T
U B G Z G S T V D U H K E R
K A L O R I E Ë N S E G R D
A O B P V E R T E R I N G W
R D K Z U A W F F R D W L J
```

BITTER	GESONDHEID
KALORIEË	KOOLHIDRATE
DIEET	GEHALTE
EETBARE	SOUS
EETLUS	GEUR
PROTEÏENE	VERTERING
GEWIG	GIFSTOF
GESOND	VITAMIEN

1 - Metingen

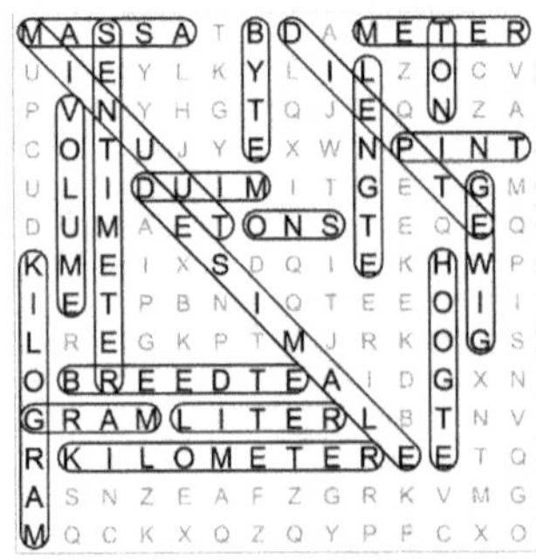

2 - Keuken

3 - Boten

4 - Chocolade

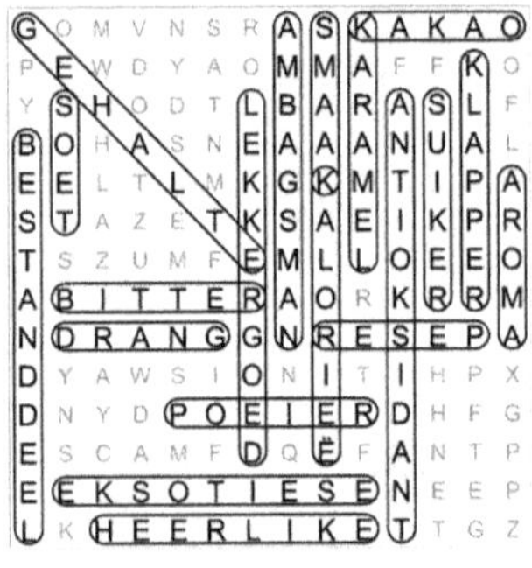

5 - Tijd

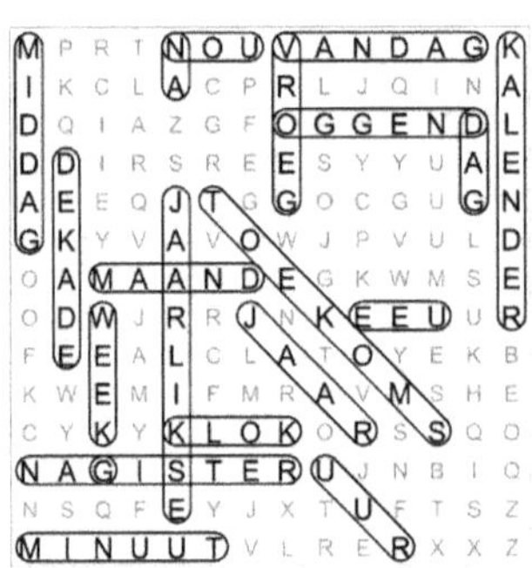

6 - Meditatie

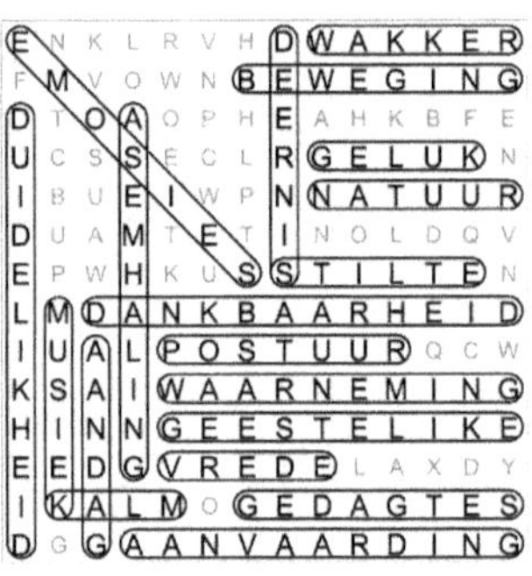

7 - Zomer

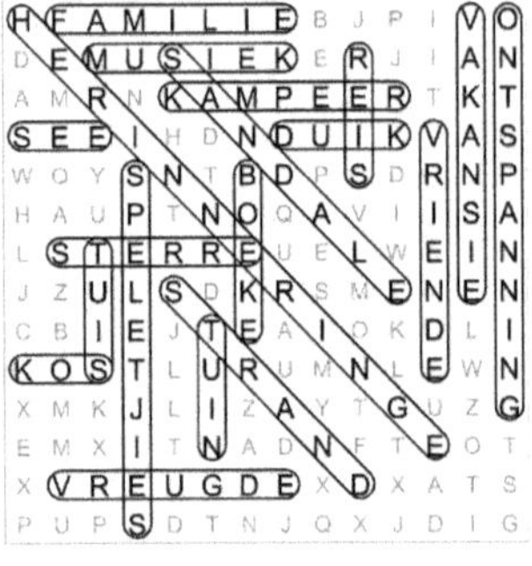

8 - Vogels

9 - Behoud

10 - Wiskunde

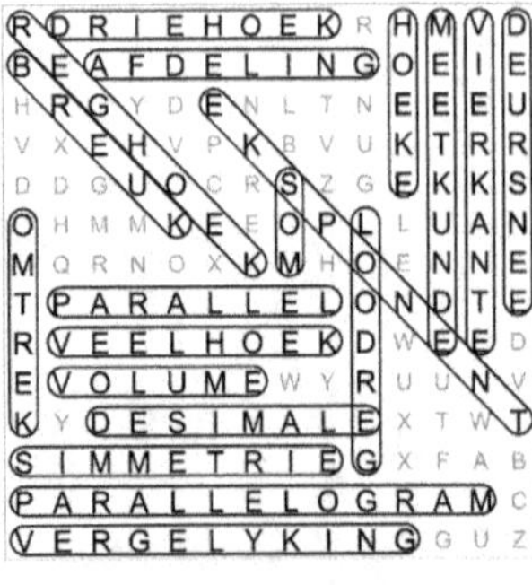

11 - Camping

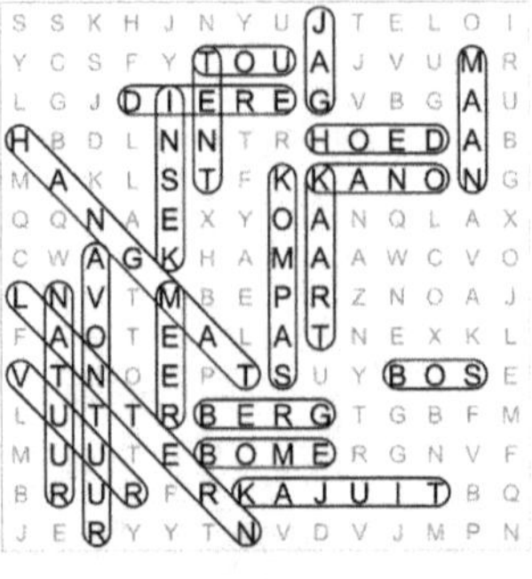

12 - Activiteiten

13 - Vormen

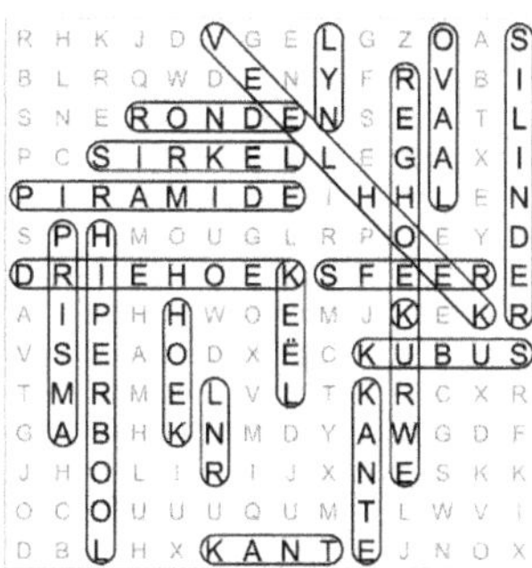

14 - Astronomie

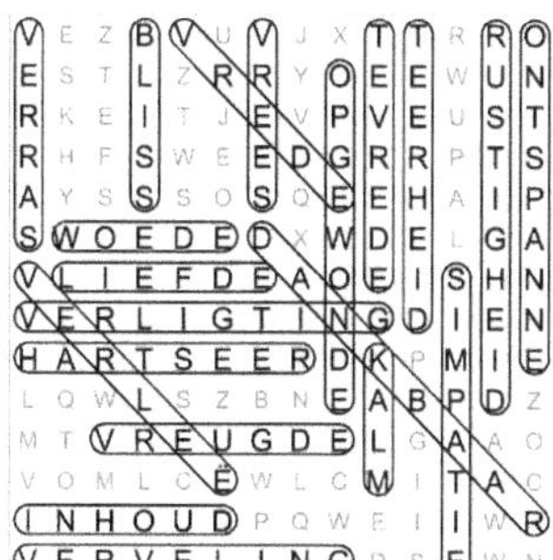

15 - Emoties

16 - Vakantie #2

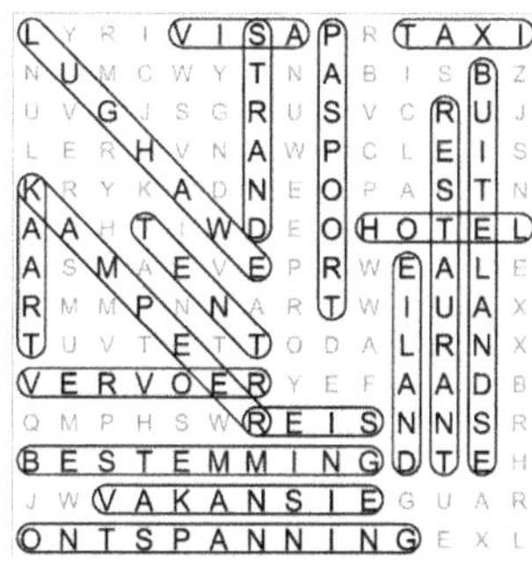

17 - Weersomstandigh

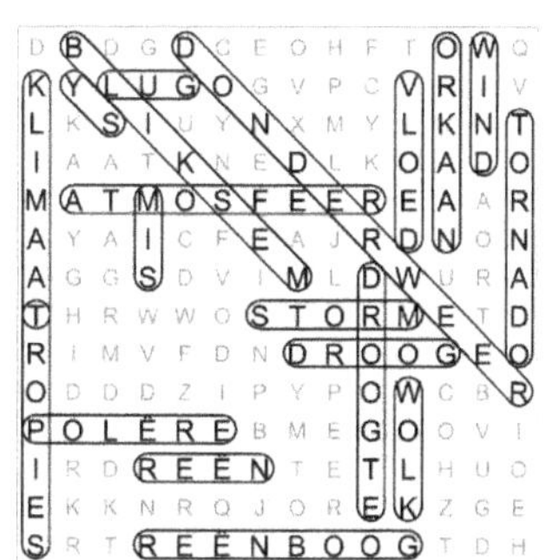

18 - Strand

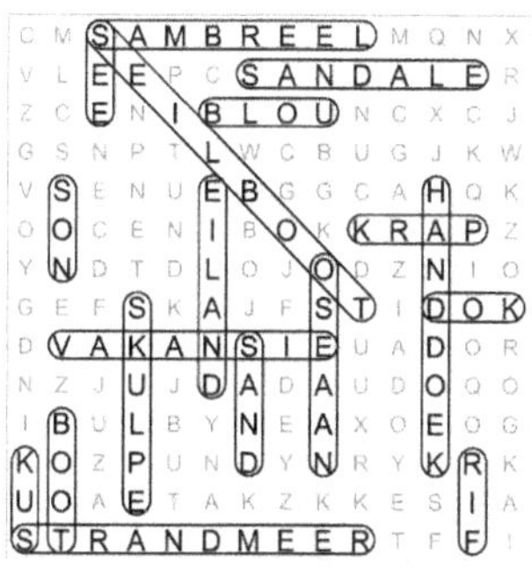

19 - Eten #2

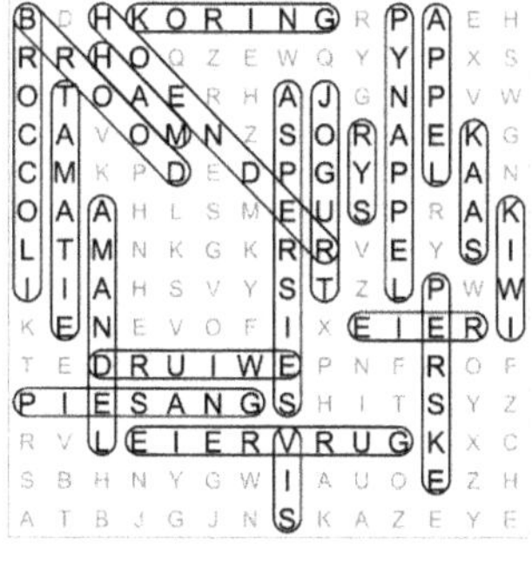

20 - Klimmen

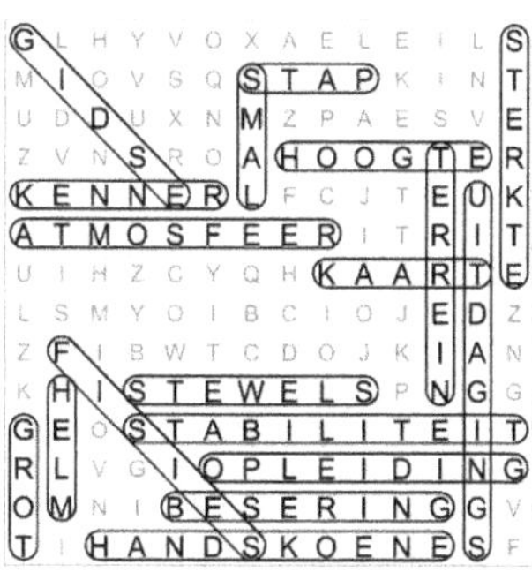

21 - Restaurant #1

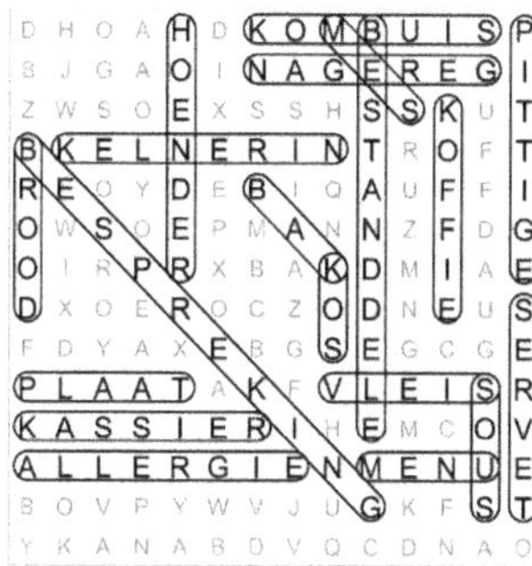

22 - Geologie

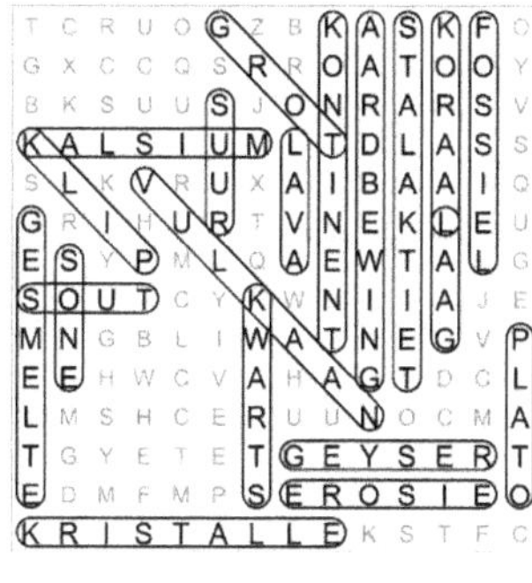

23 - Specerijen

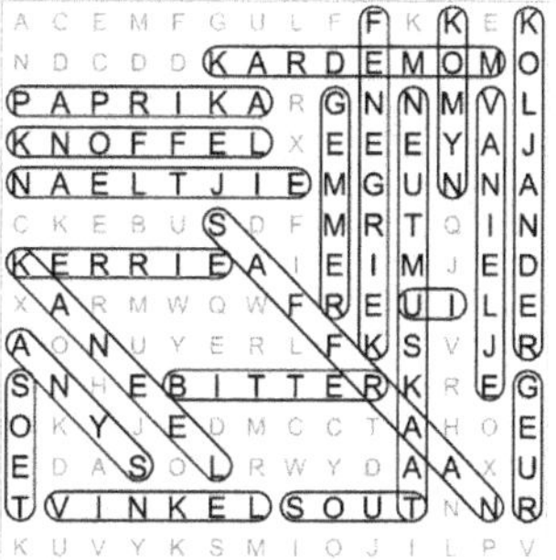

24 - Groenten

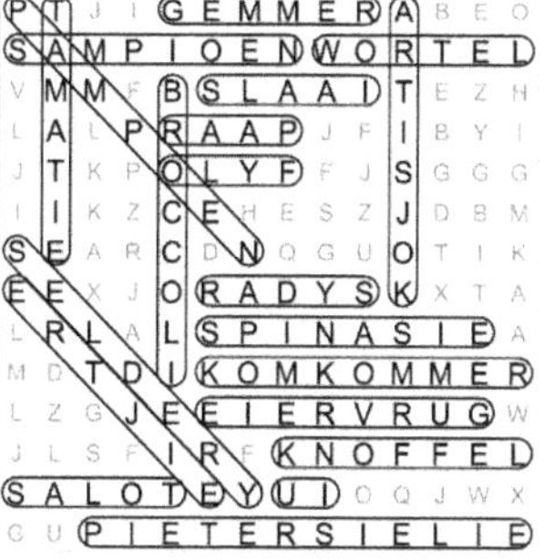

## 25 - Dans	## 26 - Sport	## 27 - Mythologie

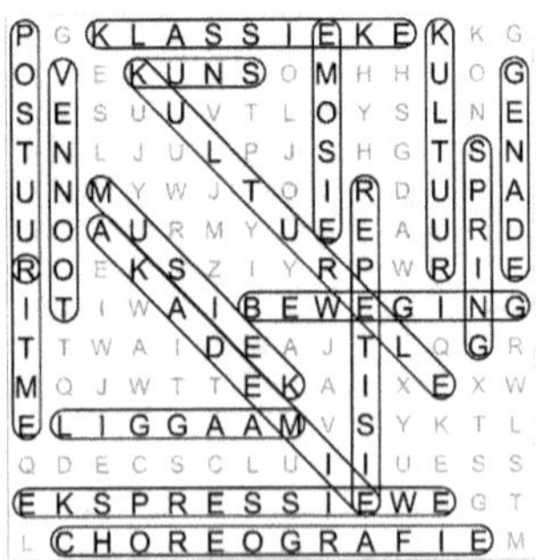

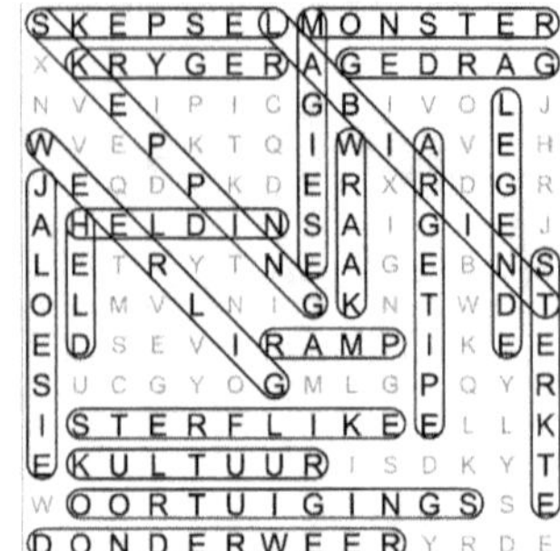

## 28 - Eten #1	## 29 - Avontuur	## 30 - Circus

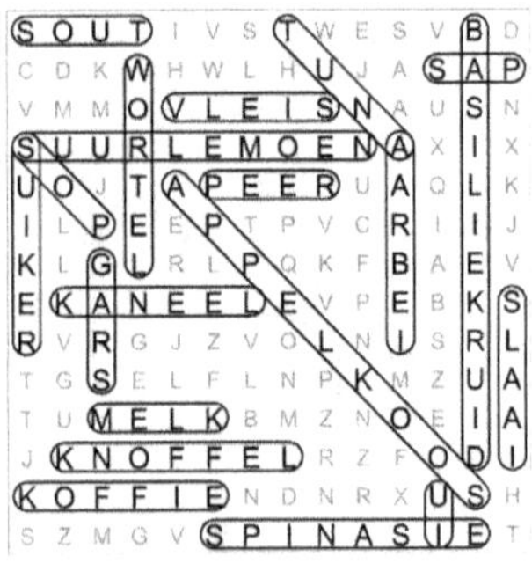
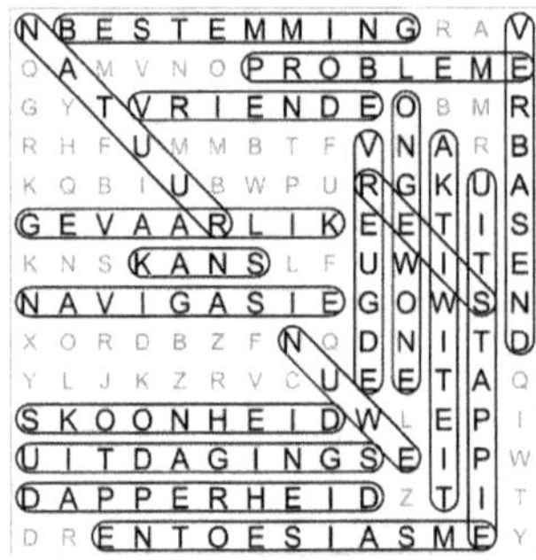
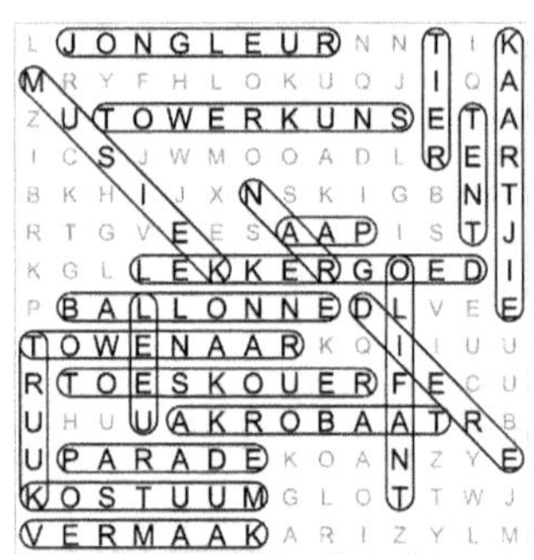

## 31 - Restaurant #2	## 32 - Bijen	## 33 - School #1

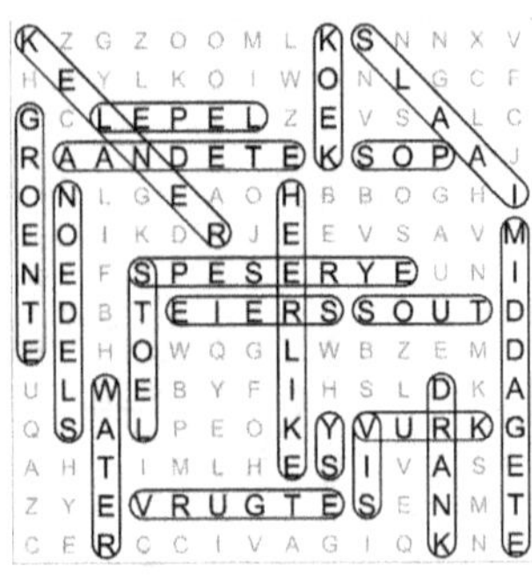
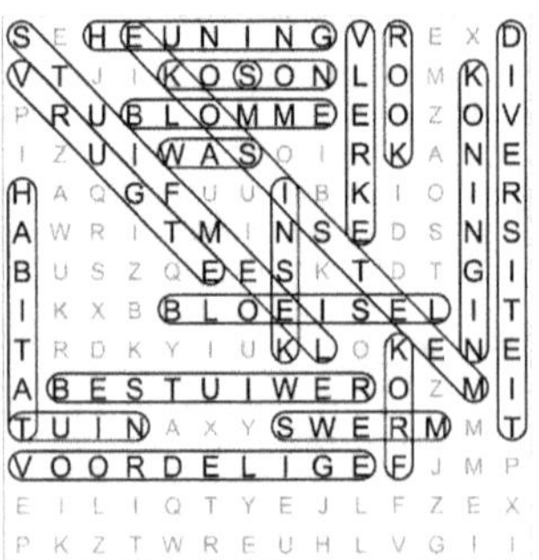

## 34 - Wandelen	## 35 - Ecologie	## 36 - Installaties

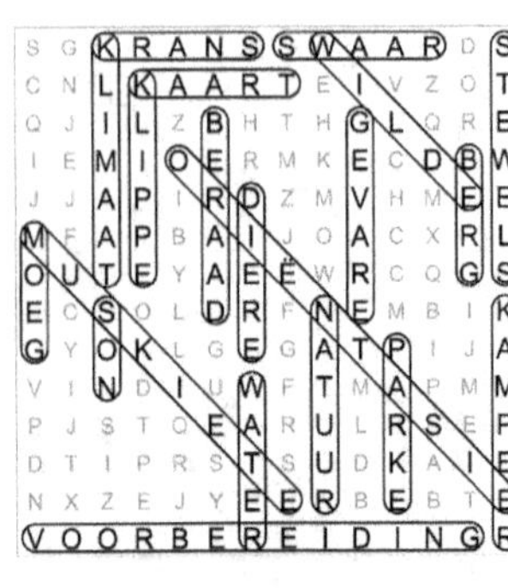
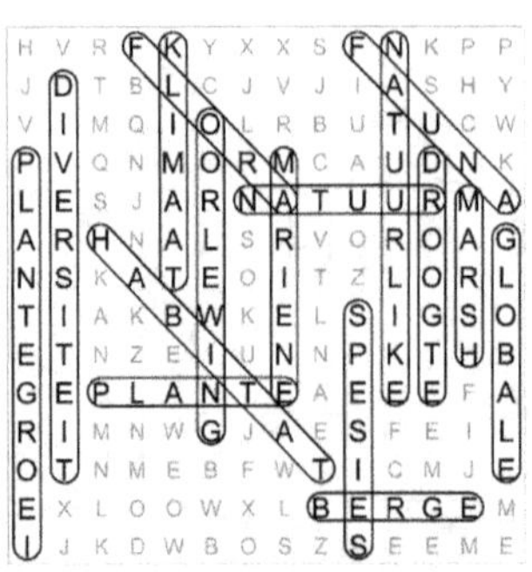
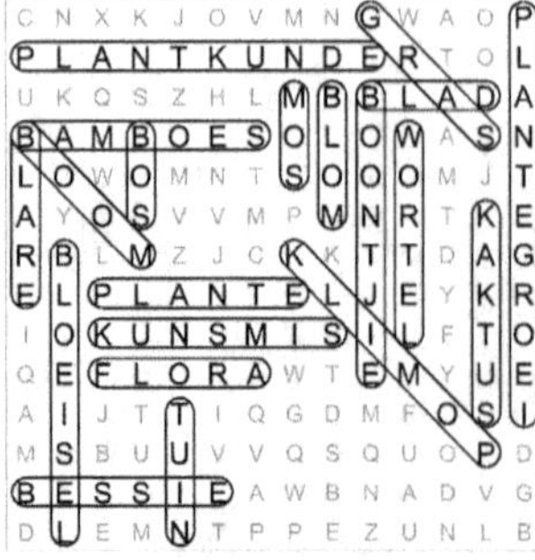

37 - School #2

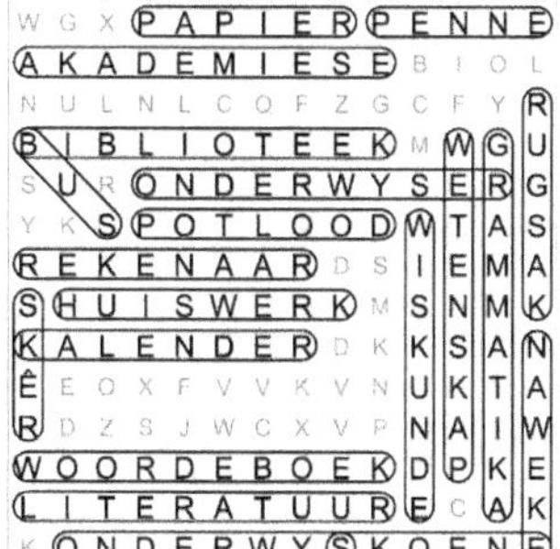

38 - Oceaan

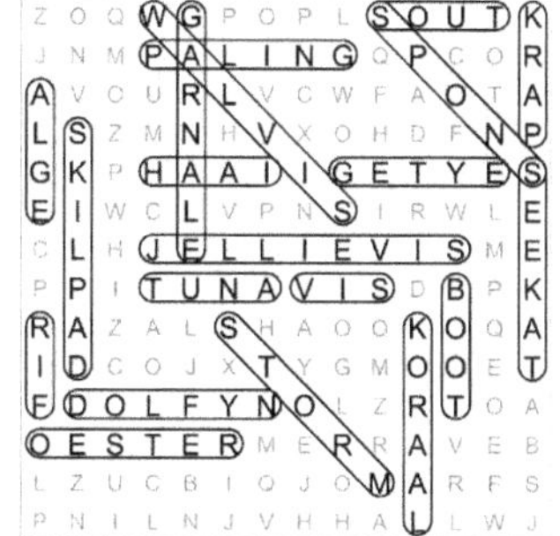

39 - Landen #2

40 - Bloemen

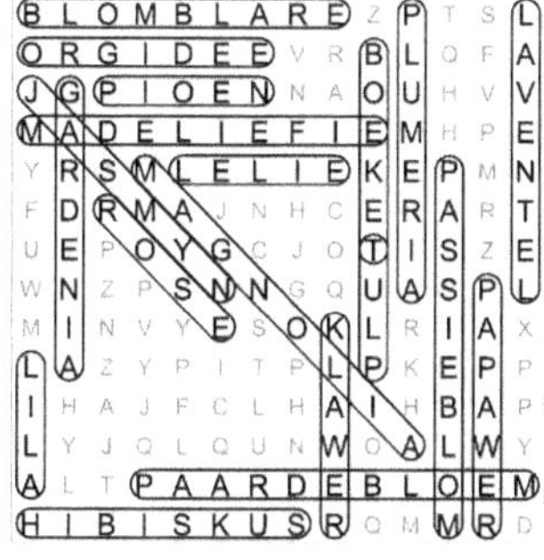

41 - Huisdieren

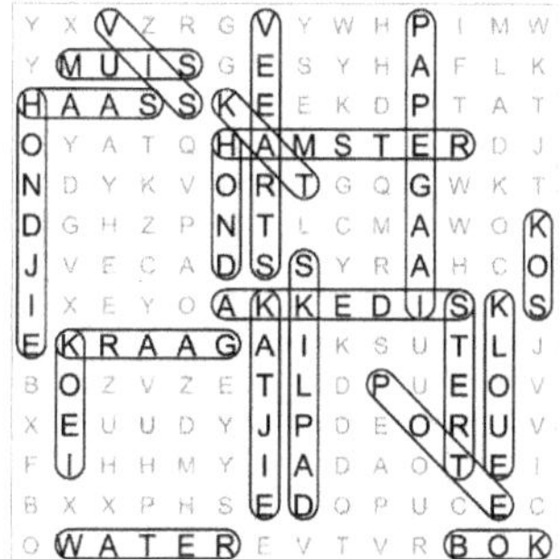

42 - Landschappen

43 - Tuin

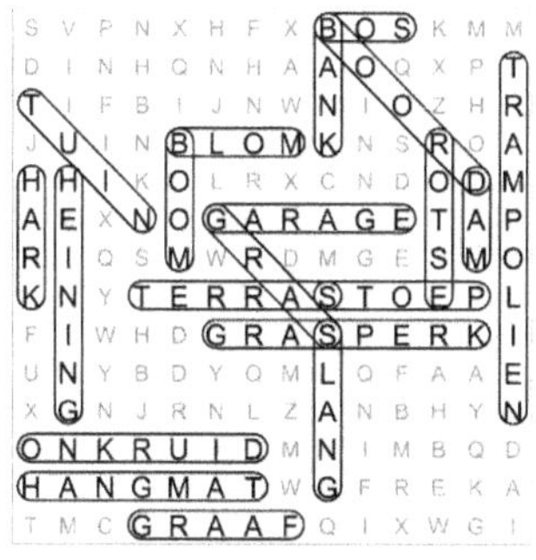

44 - Katten

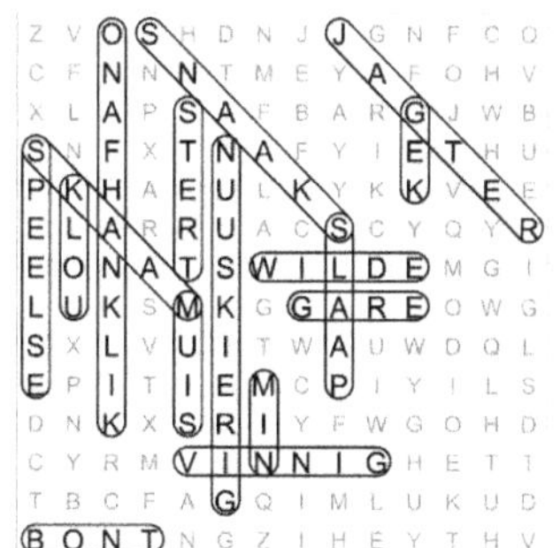

45 - Beroepen #2

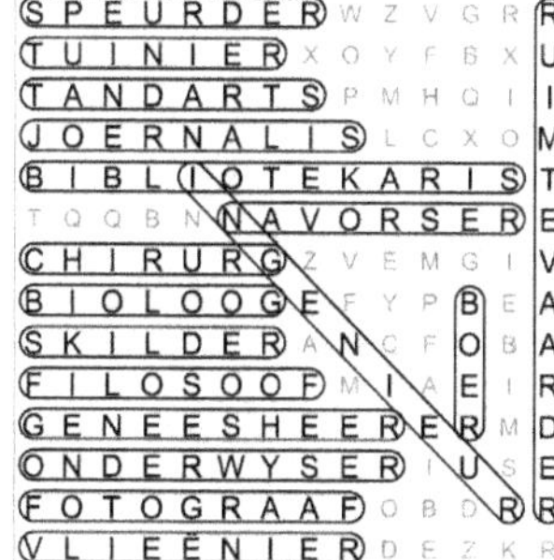

46 - Komedie

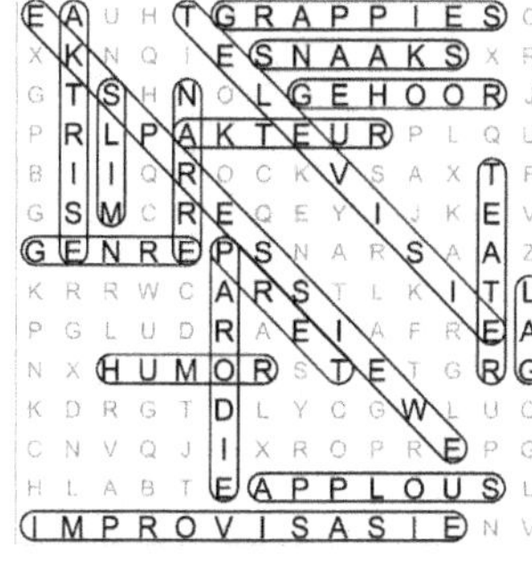

47 - Dagen en Maanden

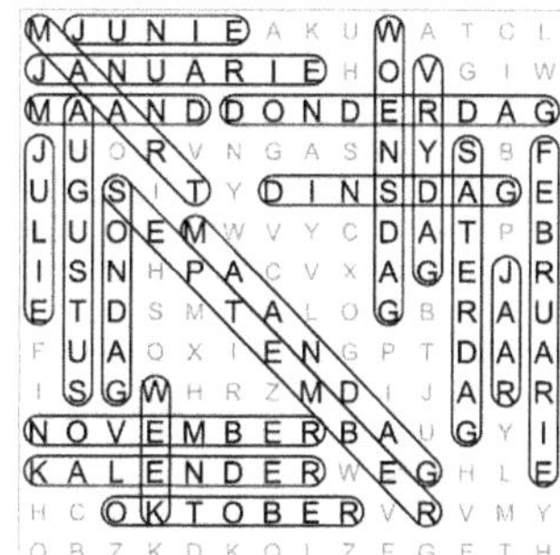

48 - Beeldende Kunsten

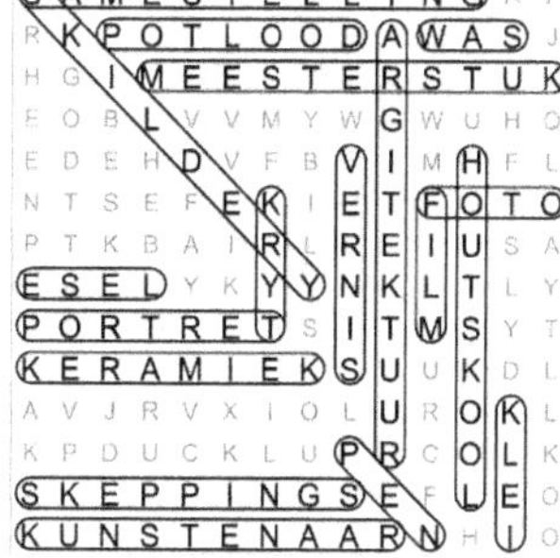

49 - Menselijk Lichaam

50 - Familie

51 - Gebouwen

52 - Kunst

53 - Beroepen #1

54 - Kastelen

55 - Insecten

56 - Antarctica

57 - Ballet

58 - Vissen

59 - Fruit

60 - Literatuur

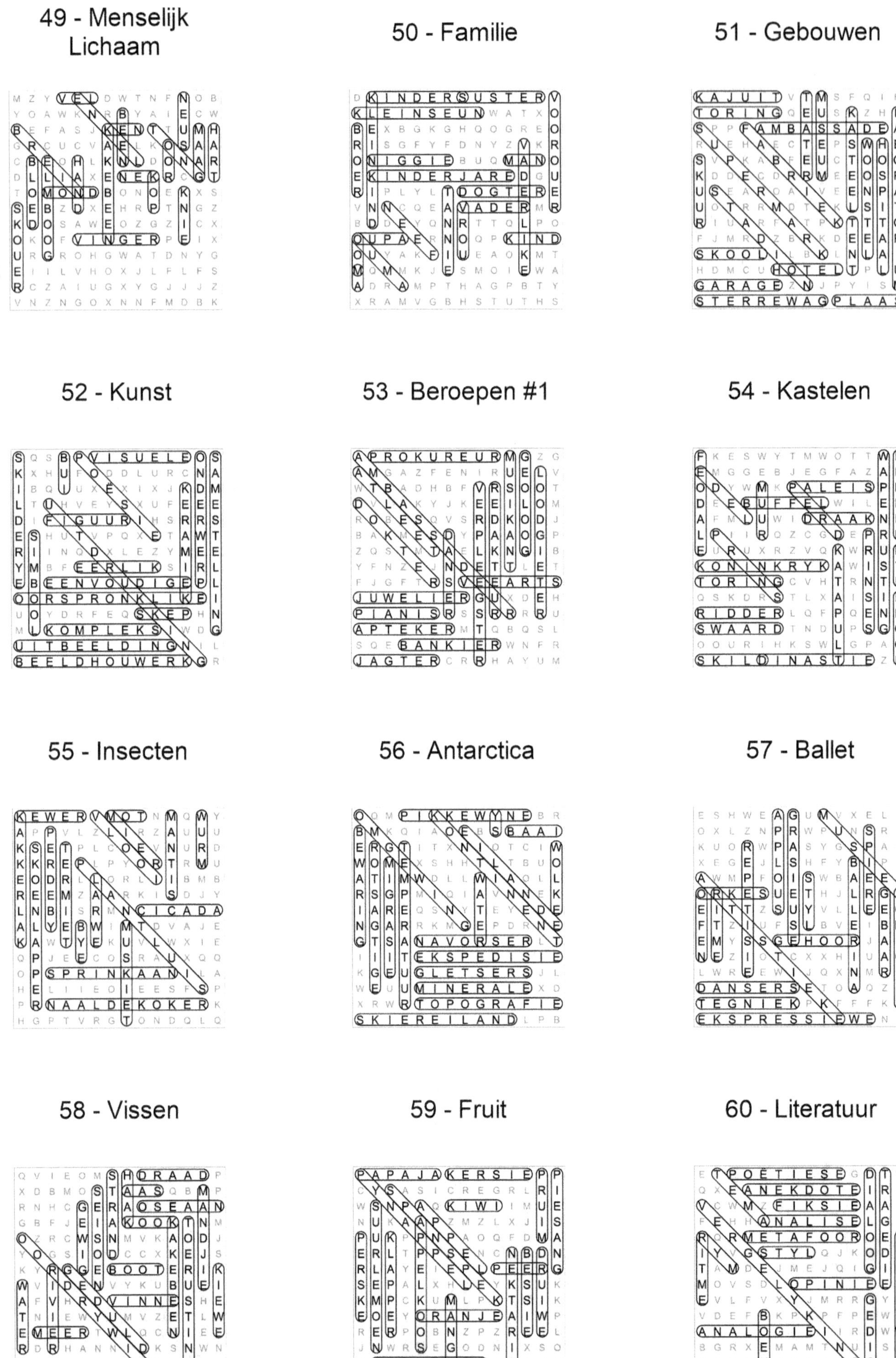

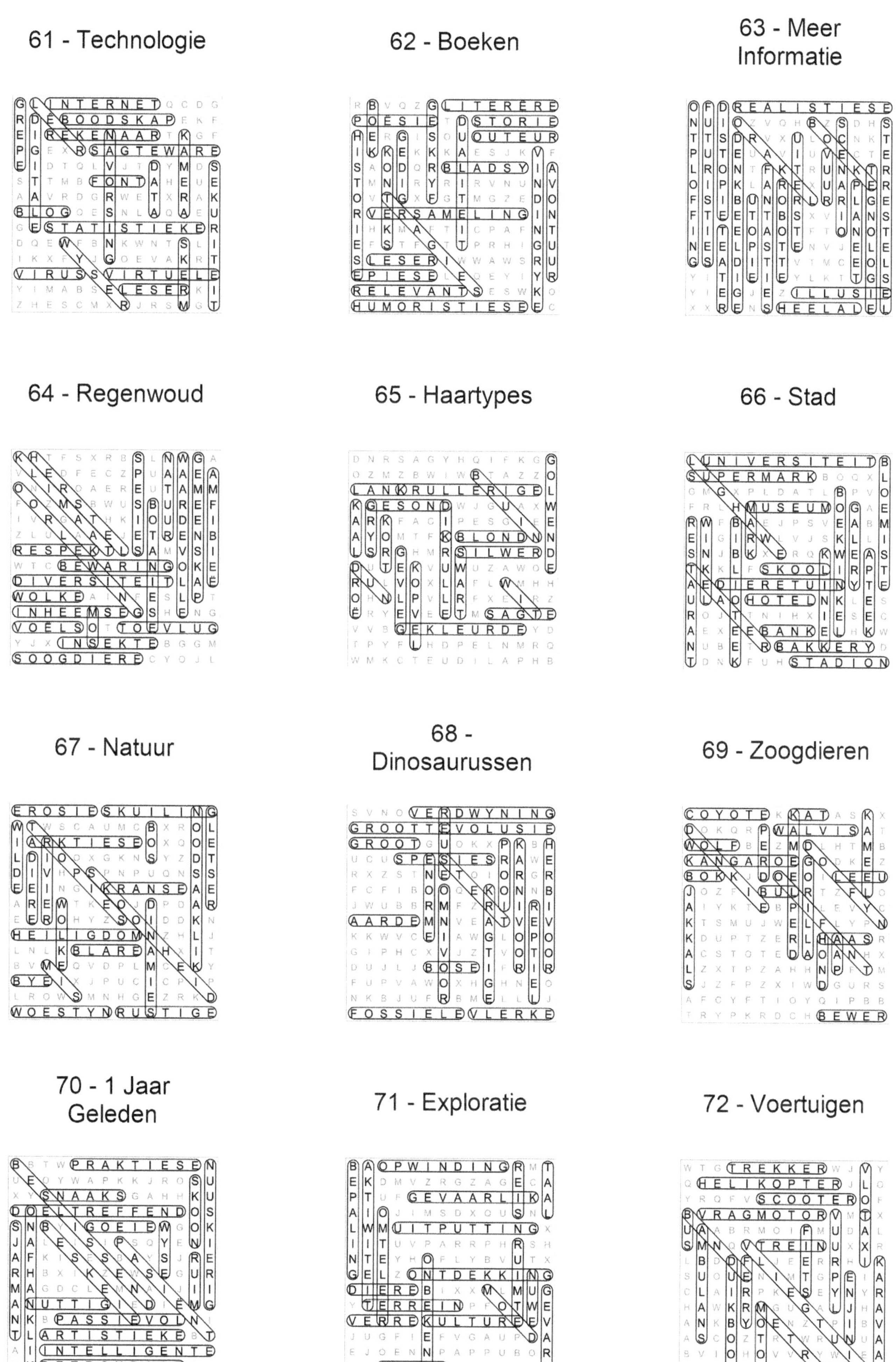

61 - Technologie
62 - Boeken
63 - Meer Informatie
64 - Regenwoud
65 - Haartypes
66 - Stad
67 - Natuur
68 - Dinosaurussen
69 - Zoogdieren
70 - 1 Jaar Geleden
71 - Exploratie
72 - Voertuigen

73 - Geografie

74 - Kunstbenodigdhe

75 - Barbecues

76 - Wetenschappelijk

77 - Bijvoeglijke Naamwoorden

78 - Kleding

79 - Vliegtuigen

80 - Herbalisme

81 - Meubels

82 - Piraten

83 - Om in te Vullen

84 - Surfen

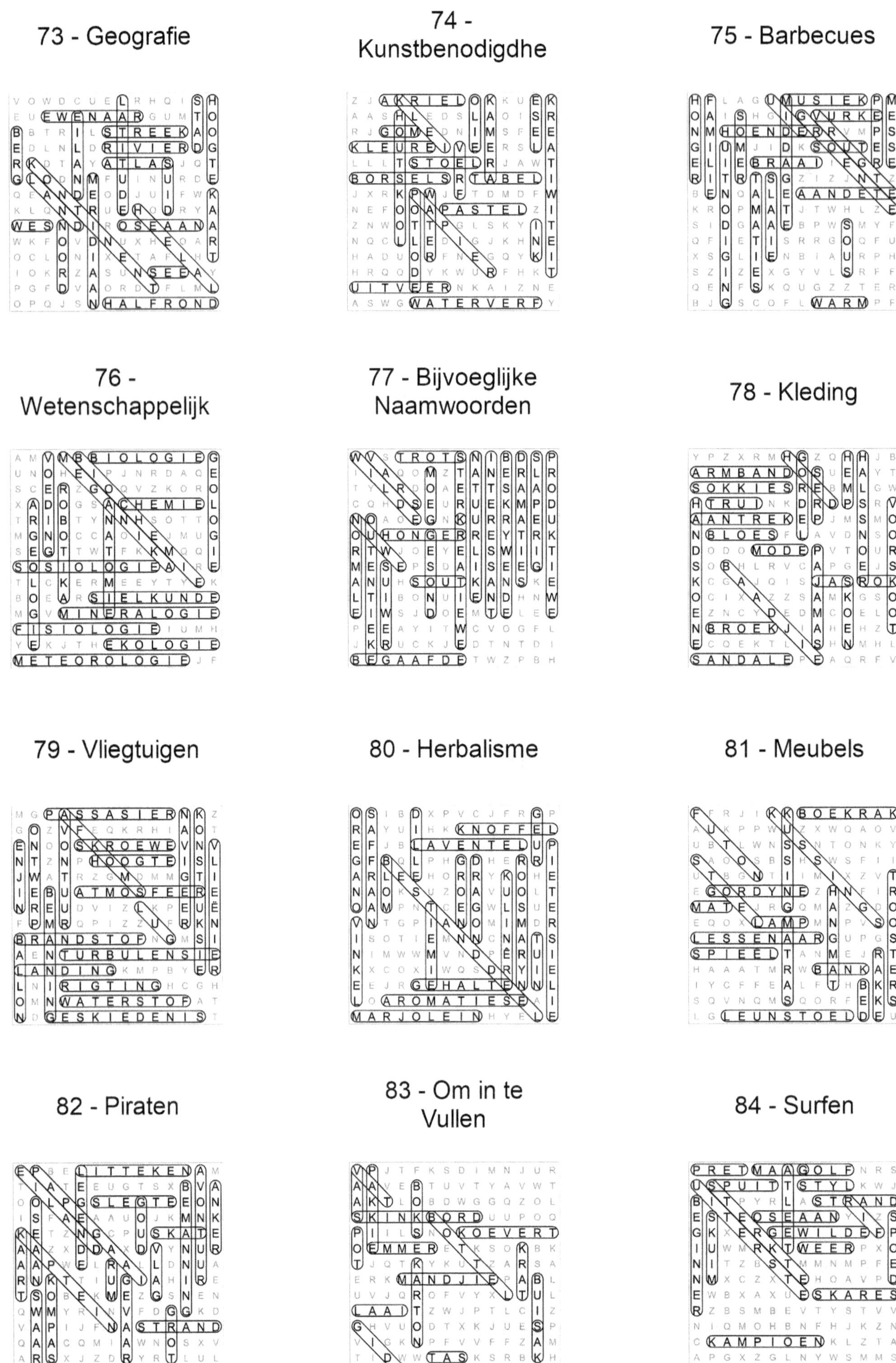

85 - Rijden

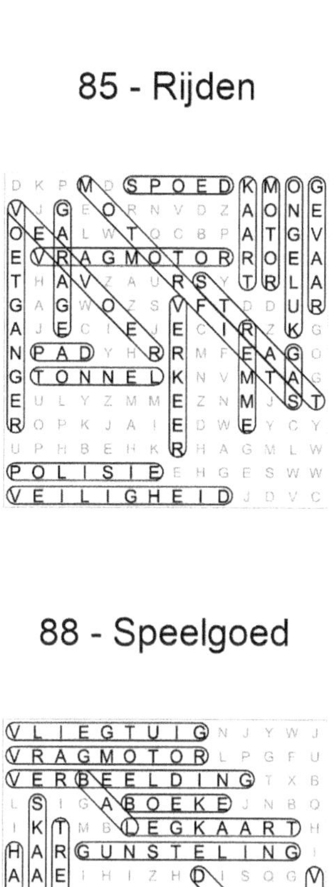

86 - Wetenschap

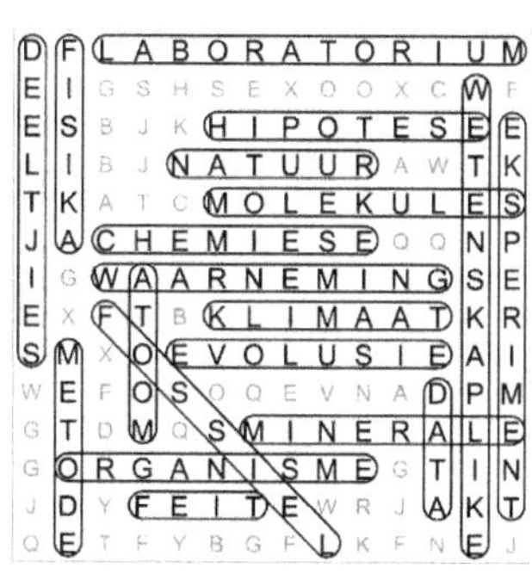

87 - Badkamer

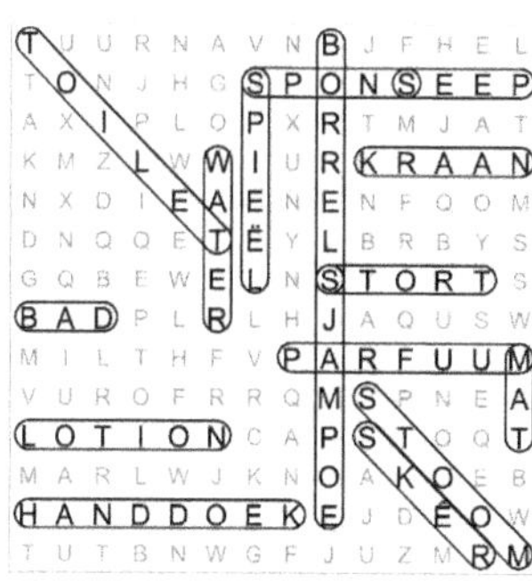

88 - Speelgoed

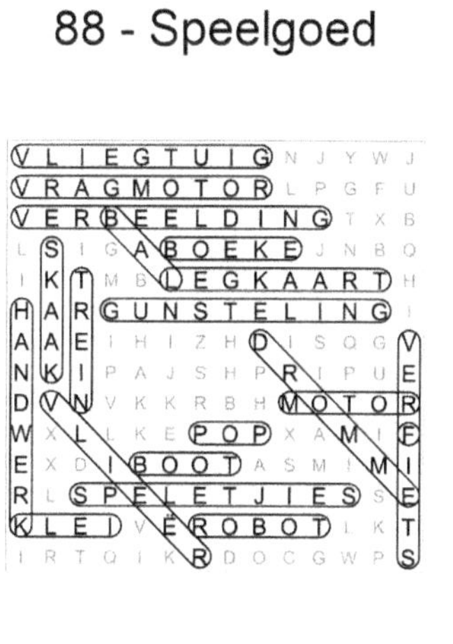

89 - Muziekinstrument

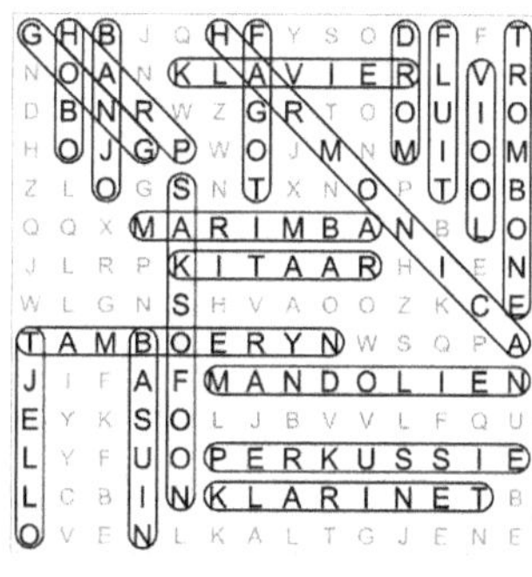

90 - Activiteiten en Vrije Ti

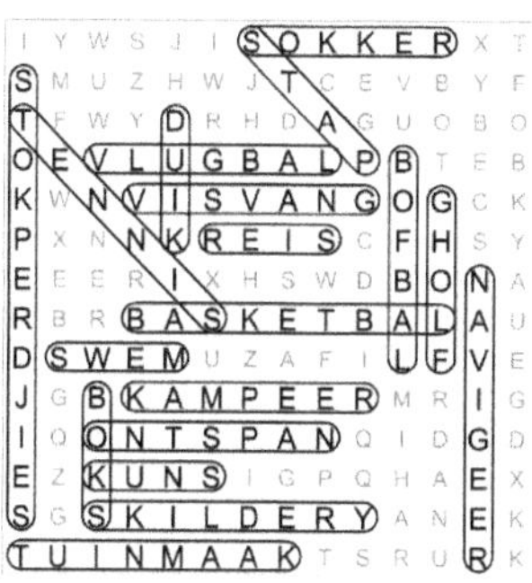

91 - Water

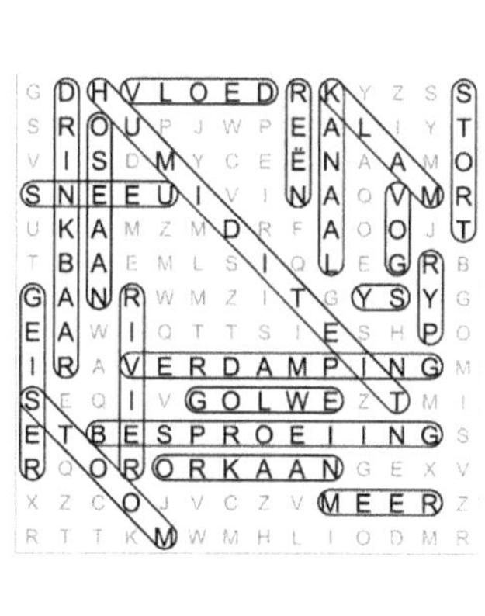

92 - Schaken

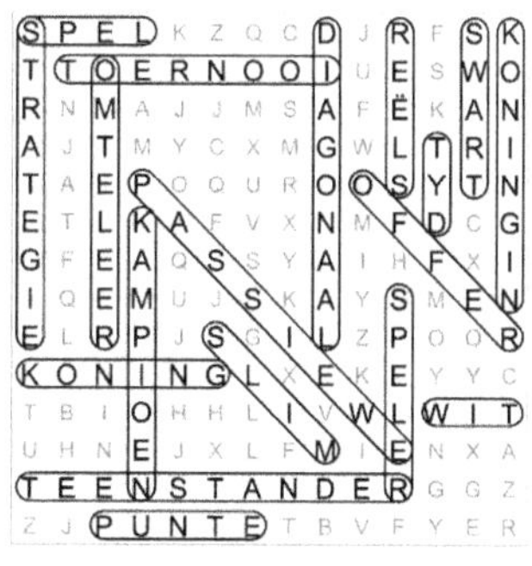

93 - Boerderij #1

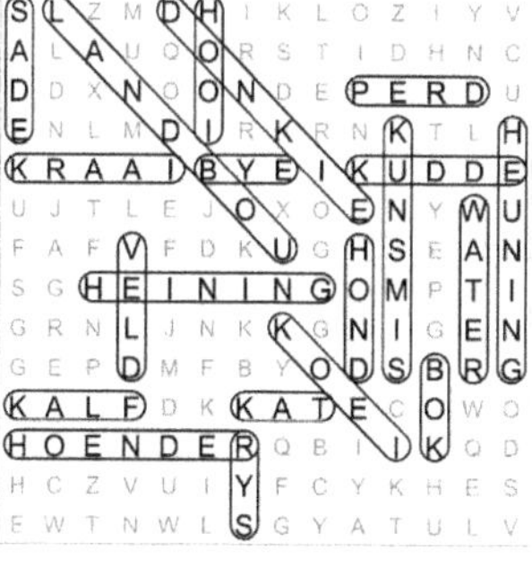

94 - Huis

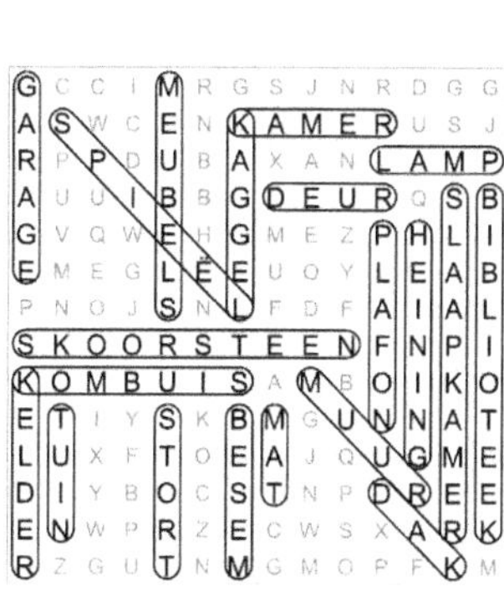

95 - Kleuren

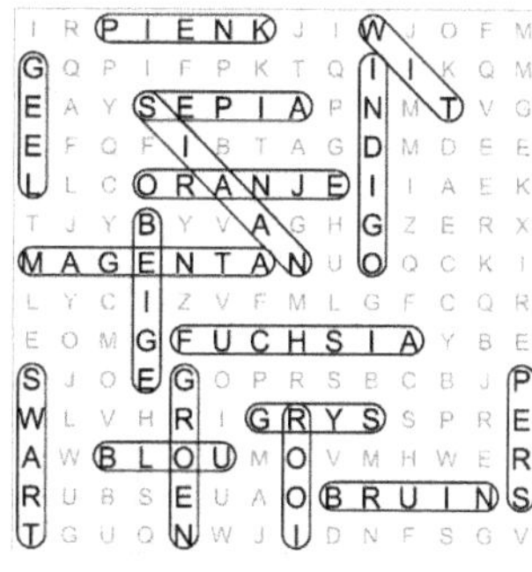

96 - Verjaardag

97 - Getallen

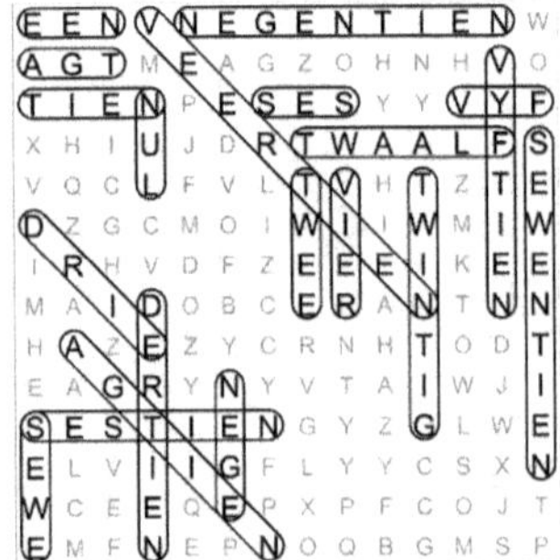

98 - Boerderij #2

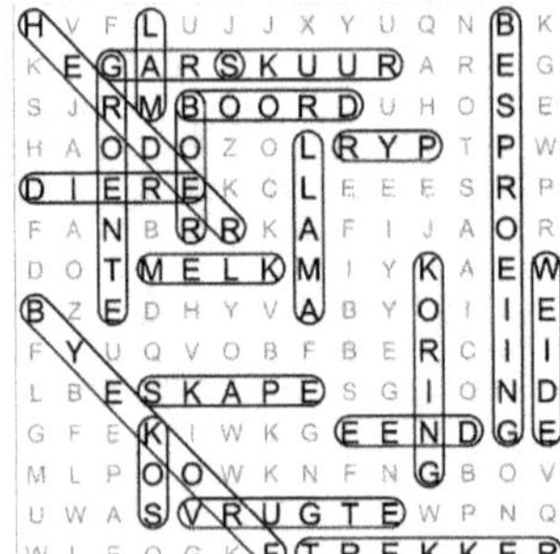

99 - Voeding

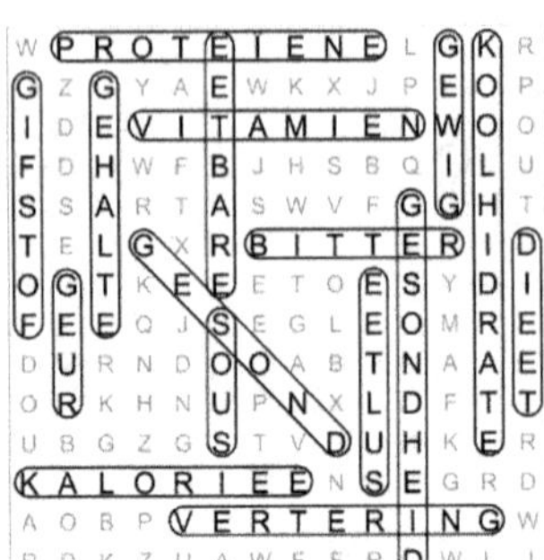

Woordenboek

1 Jaar Geleden
Deugde #1

Artistiek	Artistieke
Behulpzaam	Nuttig
Bescheiden	Beskeie
Beslissend	Beslissend
Betrouwbaar	Betroubaar
Charmant	Sjarmant
Efficiënt	Doeltreffend
Gepassioneerd	Passievol
Goed	Goeie
Grappig	Snaaks
Gul	Ruim
Intelligent	Intelligente
Nieuwsgierig	Nuuskierig
Onafhankelijk	Onafhanklik
Patiënt	Pasiënt
Praktisch	Praktiese
Schoon	Skoon
Wijs	Wyse

Activiteiten
Aktiwiteite

Activiteit	Aktiwiteit
Ambachten	Handwerk
Dansen	Dans
Fotografie	Fotografie
Games	Speletjies
Hengelsport	Visvang
Jacht	Jag
Kamperen	Kampeer
Keramiek	Keramiek
Kunst	Kuns
Lezen	Lees
Magie	Towerkuns
Naaien	Naaldwerk
Plezier	Plesier
Puzzels	Raaisels
Schilderij	Skildery
Tuinieren	Tuinmaak
Vaardigheid	Vaardigheid
Vrije Tijd	Ontspanning
Wandelen	Stap

Activiteiten en Vrije Ti
Aktiwiteite en Ontspanni

Basketbal	Basketbal
Boksen	Boks
Duiken	Duik
Golf	Gholf
Hengelsport	Visvang
Hobby	Stokperdjies
Honkbal	Bofbal
Kamperen	Kampeer
Kunst	Kuns
Ontspannen	Ontspan
Reis	Reis
Schilderij	Skildery
Surfen	Navigeer
Tennis	Tennis
Tuinieren	Tuinmaak
Voetbal	Sokker
Volleybal	Vlugbal
Wandelen	Stap
Zwemmen	Swem

Antarctica
Antarktika

Baai	Baai
Behoud	Bewaring
Continent	Kontinent
Eilanden	Eilande
Expeditie	Ekspedisie
Geografie	Aardrykskunde
Gletsjers	Gletsers
Ijs	Ys
Migratie	Migrasie
Mineralen	Minerale
Omgeving	Omgewing
Onderzoeker	Navorser
Pinguïn	Pikkewyne
Rotsachtig	Rotsagtige
Schiereiland	Skiereiland
Temperatuur	Temperatuur
Topografie	Topografie
Water	Water
Wetenschappelijk	Wetenskaplik
Wolken	Wolke

Astronomie
Sterrekunde

Aarde	Aarde
Asteroïde	Asteroïde
Astronaut	Ruimtevaarder
Astronoom	Sterrekundige
Equinox	Equinox
Komeet	Komeet
Kosmos	Kosmos
Maan	Maan
Meteoor	Meteoor
Nevel	Newel
Observatorium	Sterrewag
Planeet	Planeet
Raket	Vuurpyl
Satelliet	Satelliet
Ster	Ster
Sterrenbeeld	Sterrebeeld
Straling	Bestraling
Telescoop	Teleskoop
Universum	Heelal
Zwaartekracht	Swaartekrag

Avontuur
Avontuur

Activiteit	Aktiwiteit
Bestemming	Bestemming
Enthousiasme	Entoesiasme
Excursie	Uitstappie
Gevaarlijk	Gevaarlik
Kans	Kans
Moed	Dapperheid
Moeilijkheid	Probleme
Natuur	Natuur
Navigatie	Navigasie
Nieuw	Nuwe
Ongewoon	Ongewone
Reizen	Reis
Schoonheid	Skoonheid
Uitdagingen	Uitdagings
Veiligheid	Veiligheid
Verrassend	Verbasend
Voorbereiding	Voorbereiding
Vreugde	Vreugde
Vrienden	Vriende

Badkamer
Badkamer

Bad	Bad
Bellen	Borrels
Douche	Stort
Handdoek	Handdoek
Kraan	Kraan
Lotion	Lotion
Parfum	Parfuum
Schaar	Skêr
Shampoo	Sjampoe
Spiegel	Spieël
Spons	Spons
Stoom	Stoom
Tapijt	Mat
Water	Water
Wc	Toilet
Zeep	Seep

Ballet
Ballet

Applaus	Applous
Artistiek	Artistieke
Ballerina	Ballerina
Choreografie	Choreografie
Componist	Komponis
Dansers	Dansers
Expressief	Ekspressiewe
Gebaar	Gebaar
Intensiteit	Intensiteit
Muziek	Musiek
Orkest	Orkes
Praktijk	Oefen
Publiek	Gehoor
Repetitie	Repetisie
Ritme	Ritme
Sierlijk	Grasieuse
Spieren	Spiere
Stijl	Styl
Techniek	Tegniek
Vaardigheid	Vaardigheid

Barbecues
Barbecues

Diner	Aandete
Familie	Familie
Fruit	Vrugte
Grill	Braai
Groente	Groente
Heet	Warm
Honger	Honger
Kip	Hoender
Lunch	Middagete
Messen	Messe
Muziek	Musiek
Peper	Peper
Salades	Slaaie
Saus	Sous
Tomaten	Tamaties
Uien	Uie
Uitnodiging	Uitnodiging
Vorken	Vurke
Zomer	Somer
Zout	Sout

Beeldende Kunsten
Visuele Kunste

Architectuur	Argitektuur
Artiest	Kunstenaar
Beeldhouwwerk	Beeldhouwerk
Creativiteit	Skeppings-
Ezel	Esel
Film	Film
Foto	Foto
Houtskool	Houtskool
Keramiek	Keramiek
Klei	Klei
Krijt	Kryt
Meesterwerk	Meesterstuk
Pen	Pen
Perspectief	Perspektief
Portret	Portret
Potlood	Potlood
Samenstelling	Samestelling
Schilderij	Skildery
Vernis	Vernis
Was	Was

Behoud
Bewaring

Chemicaliën	Chemikalieë
Duurzaam	Volhoubare
Ecosysteem	Ekosisteem
Fiets	Siklus
Gezondheid	Gesondheid
Groen	Groen
Habitat	Habitat
Klimaat	Klimaat
Milieu	Omgewing
Natuurlijk	Natuurlike
Onderwijs	Onderwys
Organisch	Organiese
Pesticide	Plaagdoder
Recyclen	Herwin
Veranderingen	Veranderinge
Verminderen	Verminder
Vervuiling	Besoedeling
Water	Water
Zorg	Kommer

Beroepen #1
Beroepe #1

Advocaat	Prokureur
Ambassadeur	Ambassadeur
Apotheker	Apteker
Astronoom	Sterrekundige
Atleet	Atleet
Bankier	Bankier
Cartograaf	Kartograaf
Danser	Danser
Dierenarts	Veearts
Dokter	Dokter
Editor	Redakteur
Geoloog	Geoloog
Jager	Jagter
Juwelier	Juwelier
Loodgieter	Loodgieter
Muzikant	Musikant
Pianist	Pianis
Psycholoog	Sielkundige
Verpleegster	Verpleegster
Wetenschapper	Wetenskaplike

Beroepen #2
Beroepe #2

Arts	Geneesheer
Astronaut	Ruimtevaarder
Bibliothecaris	Bibliotekaris
Bioloog	Bioloog
Boer	Boer
Chirurg	Chirurg
Detective	Speurder
Filosoof	Filosoof
Fotograaf	Fotograaf
Illustrator	Illustreerder
Ingenieur	Ingenieur
Journalist	Joernalis
Leraar	Onderwyser
Linguïst	Taalkundige
Onderzoeker	Navorser
Piloot	Vlieënier
Schilder	Skilder
Tandarts	Tandarts
Tuinman	Tuinier
Uitvinder	Uitvinder

Bijen
Bye

Bestuiver	Bestuiwer
Bijenkorf	Korf
Bloemen	Blomme
Bloesem	Bloeisel
Diversiteit	Diversiteit
Ecosysteem	Ekosisteem
Fruit	Vrugte
Habitat	Habitat
Honing	Heuning
Insect	Insek
Koningin	Koningin
Rook	Rook
Stuifmeel	Stuifmeel
Tuin	Tuin
Vleugels	Vlerke
Voedsel	Kos
Voordelig	Voordelige
Was	Was
Zon	Son
Zwerm	Swerm

Bijvoeglijke Naamwoorden
Byvoeglike Naamwoorde #1

Aantrekkelijk	Aantreklik
Actief	Aktiewe
Ambitieus	Ambisieuse
Aromatisch	Aromatiese
Artistiek	Artistieke
Belangrijk	Belangrik
Diep	Diep
Donker	Donker
Dun	Dun
Eerlijk	Eerlik
Exotisch	Eksotiese
Identiek	Identiese
Jong	Jong
Lang	Lank
Langzaam	Stadig
Modern	Moderne
Onschuldig	Onskuldig
Perfect	Perfek
Waardevol	Waardevolle
Zwaar	Swaar

Bijvoeglijke Naamwoorden
Byvoeglike Naamwoorde #2

Authentiek	Outentieke
Begaafd	Begaafde
Beschrijvend	Beskrywende
Creatief	Kreatiewe
Dramatisch	Dramaties
Gezond	Gesond
Hongerig	Honger
Interessant	Interessant
Moe	Moeg
Natuurlijk	Natuurlike
Nieuw	Nuwe
Normaal	Normale
Productief	Produktiewe
Slaperig	Slaperig
Sterk	Sterk
Trots	Trots
Vers	Vars
Wild	Wilde
Zout	Sout
Zuiver	Suiwer

Bloemen
Blomme

Bloemblad	Blomblare
Boeket	Boeket
Gardenia	Gardenia
Hibiscus	Hibiskus
Jasmijn	Jasmyn
Klaver	Klawer
Lavendel	Laventel
Lelie	Lelie
Lila	Lila
Madeliefje	Madeliefie
Magnolia	Magnolia
Orchidee	Orgidee
Paardebloem	Paardebloem
Papaver	Papawer
Passiebloem	Passieblom
Pioenroos	Pioen
Plumeria	Plumeria
Roos	Rose
Tulp	Tulp
Zonnebloem	Sonneblom

Boeken
Boeke

Auteur	Outeur
Avontuur	Avontuur
Bladzijde	Bladsy
Collectie	Versameling
Context	Konteks
Dualiteit	Dualiteit
Episch	Epiese
Gedicht	Gedig
Geschreven	Geskryf
Historisch	Historiese
Humoristisch	Humoristiese
Inventief	Vindingryke
Lezer	Leser
Literair	Literêre
Poëzie	Poësie
Relevant	Relevant
Roman	Boek
Tragisch	Tragies
Verhaal	Storie
Verteller	Verteller

Boerderij #1
Plaas #1

Bij	Bye
Ezel	Donkie
Geit	Bok
Hek	Heining
Hond	Hond
Honing	Heuning
Hooi	Hooi
Kalf	Kalf
Kat	Kat
Kip	Hoender
Koe	Koei
Kraai	Kraai
Kudde	Kudde
Landbouw	Landbou
Mest	Kunsmis
Paard	Perd
Rijst	Rys
Veld	Veld
Water	Water
Zaden	Sade

Boerderij #2
Plaas #2

Bijenkorf	Byekorf
Boer	Boer
Boomgaard	Boord
Dieren	Diere
Eend	Eend
Fruit	Vrugte
Gerst	Gars
Groente	Groente
Herder	Herder
Irrigatie	Besproeiing
Lam	Lam
Lama	Llama
Melk	Melk
Rijp	Ryp
Schaap	Skape
Schuur	Skuur
Tarwe	Koring
Tractor	Trekker
Voedsel	Kos
Weide	Weide

Boten
Bote

Anker	Anker
Bemanning	Bemanning
Boei	Boei
Dok	Dok
Golven	Golwe
Jacht	Seiljag
Kajak	Kajak
Kano	Kano
Mast	Mas
Meer	Meer
Motor	Enjin
Nautisch	Nautische
Oceaan	Oseaan
Reddingsboot	Reddingsboot
Rivier	Rivier
Touw	Tou
Veerboot	Ferry
Vlot	Vlot
Zee	See
Zeilboot	Seilboot

Camping
Kampeer

Avontuur	Avontuur
Berg	Berg
Bomen	Bome
Bos	Bos
Brand	Vuur
Cabine	Kajuit
Dieren	Diere
Hangmat	Hangmat
Hoed	Hoed
Insect	Insek
Jacht	Jag
Kaart	Kaart
Kano	Kano
Kompas	Kompas
Lantaarn	Lantern
Maan	Maan
Meer	Meer
Natuur	Natuur
Tent	Tent
Touw	Tou

Chocolade
Sjokolade

Antioxidant	Antioksidant
Aroma	Aroma
Artisanaal	Ambagsman
Bitter	Bitter
Cacao	Kakao
Calorieën	Kalorieë
Exotisch	Eksotiese
Favoriet	Gunsteling
Heerlijk	Heerlike
Ingrediënt	Bestanddeel
Karamel	Karamel
Kokosnoot	Klapper
Kwaliteit	Gehalte
Poeder	Poeier
Recept	Resep
Smaak	Smaak
Snoep	Lekkergoed
Suiker	Suiker
Verlangen	Drang
Zoet	Soet

Circus
Sirkus

Aap	Aap
Acrobaat	Akrobaat
Ballonnen	Ballonne
Clown	Nar
Dieren	Diere
Goochelaar	Towenaar
Jongleur	Jongleur
Kaartje	Kaartjie
Kostuum	Kostuum
Leeuw	Leeu
Magie	Towerkuns
Muziek	Musiek
Olifant	Olifant
Parade	Parade
Snoep	Lekkergoed
Tent	Tent
Tijger	Tier
Toeschouwer	Toeskouer
Truc	Truuk
Vermaken	Vermaak

Dagen en Maanden
Dae en Maande

Augustus	Augustus
Dinsdag	Dinsdag
Donderdag	Donderdag
Februari	Februarie
Jaar	Jaar
Januari	Januarie
Juli	Julie
Juni	Junie
Kalender	Kalender
Maand	Maand
Maandag	Maandag
Maart	Maart
November	November
Oktober	Oktober
September	September
Vrijdag	Vrydag
Week	Week
Woensdag	Woensdag
Zaterdag	Saterdag
Zondag	Sondag

Dans
Dans

Academie	Akademie
Beweging	Beweging
Blij	Vreugdevol
Choreografie	Choreografie
Cultureel	Kulturele
Cultuur	Kultuur
Emotie	Emosie
Expressief	Ekspressiewe
Genade	Genade
Houding	Postuur
Klassiek	Klassieke
Kunst	Kuns
Lichaam	Liggaam
Muziek	Musiek
Partner	Vennoot
Repetitie	Repetisie
Ritme	Ritme
Springen	Spring
Traditioneel	Tradisioneel
Visueel	Visuele

Dinosaurussen
Dinosourusse

Aarde	Aarde
Carnivoor	Karnivoor
Enorm	Enorme
Evolutie	Evolusie
Fossielen	Fossiele
Groot	Groot
Grootte	Grootte
Herbivoor	Herbivoor
Krachtig	Kragtige
Mammoet	Reuse
Omnivoor	Omnivoor
Prehistorisch	Prehistoriese
Prooi	Prooi
Reptiel	Reptiel
Soort	Spesies
Staart	Stert
Verdwijning	Verdwyning
Vicieuze	Bose
Vleugels	Vlerke

Ecologie
Ekologie

Bergen	Berge
Diversiteit	Diversiteit
Droogte	Droogte
Duurzaam	Volhoubare
Fauna	Fauna
Flora	Flora
Gemeenschappen	Gemeenskappe
Globaal	Globale
Habitat	Habitat
Klimaat	Klimaat
Marinier	Mariene
Moeras	Marsh
Natuur	Natuur
Natuurlijk	Natuurlike
Overleving	Oorlewing
Planten	Plante
Soort	Spesies
Vegetatie	Plantegroei
Vrijwilligers	Vrywilligers

Emoties
Emosies

Angst	Vrees
Beschaamd	Verleë
Dankbaar	Dankbaar
Droefheid	Hartseer
Gelukzaligheid	Bliss
Inhoud	Inhoud
Kalm	Kalm
Liefde	Liefde
Ontspannen	Ontspanne
Opgewonden	Opgewonde
Opluchting	Verligting
Rust	Rustigheid
Sympathie	Simpatie
Tederheid	Teerheid
Tevreden	Tevrede
Verrassing	Verras
Verveling	Verveling
Vrede	Vrede
Vreugde	Vreugde
Woede	Woede

Eten #1
Voedsel - #1

Aardbei	Aarbei
Abrikoos	Appelkoos
Basilicum	Basiliekruid
Citroen	Suurlemoen
Gerst	Gars
Kaneel	Kaneel
Knoflook	Knoffel
Koffie	Koffie
Melk	Melk
Peer	Peer
Salade	Slaai
Sap	Sap
Soep	Sop
Spinazie	Spinasie
Suiker	Suiker
Tonijn	Tuna
Ui	Ui
Vlees	Vleis
Wortel	Wortel
Zout	Sout

Eten #2
Voedsel - #2

Amandel	Amandel
Ananas	Pynappel
Appel	Appel
Asperge	Aspersies
Aubergine	Eiervrug
Banaan	Piesang
Broccoli	Broccoli
Brood	Brood
Druif	Druiwe
Ei	Eier
Ham	Ham
Kaas	Kaas
Kip	Hoender
Kiwi	Kiwi
Perzik	Perske
Rijst	Rys
Tarwe	Koring
Tomaat	Tamatie
Vis	Vis
Yoghurt	Jogurt

Exploratie
Eksplorasie

Activiteit	Aktiwiteit
Bepaling	Bepaling
Culturen	Kulture
Dieren	Diere
Gevaarlijk	Gevaarlik
Gevaren	Gevare
Leren	Om te Leer
Moed	Moed
Nieuw	Nuwe
Onbekend	Onbekend
Ontdekking	Ontdekking
Opwinding	Opwinding
Reis	Reis
Ruimte	Ruimte
Taal	Taal
Terrein	Terrein
Uitputting	Uitputting
Ver	Verre
Wild	Wilde

Familie
Familie

Broer	Broer
Dochter	Dogter
Grootmoeder	Ouma
Jeugd	Kinderjare
Kind	Kind
Kinderen	Kinders
Kleinkind	Kleinkind
Kleinzoon	Kleinseun
Man	Man
Moeder	Ma
Neef	Neef
Nicht	Niggie
Oom	Oom
Opa	Oupa
Tante	Tannie
Vader	Vader
Vaderlijk	Vaderlike
Voorouder	Voorouer
Vrouw	Vrou
Zus	Suster

Fruit
Vrugte

Abrikoos	Appelkoos
Ananas	Pynappel
Appel	Appel
Avocado	Avokado
Banaan	Piesang
Bes	Bessie
Citroen	Suurlemoen
Druif	Druiwe
Framboos	Framboos
Kers	Kersie
Kiwi	Kiwi
Kokosnoot	Klapper
Mango	Mango
Meloen	Spanspek
Nectarine	Nektarien
Oranje	Oranje
Papaja	Papaja
Peer	Peer
Perzik	Perske
Pruim	Pruim

Gebouwen
Geboue

Ambassade	Ambassade
Appartement	Woonstel
Boerderij	Plaas
Cabine	Kajuit
Fabriek	Fabriek
Garage	Garage
Hotel	Hotel
Kasteel	Kasteel
Laboratorium	Laboratorium
Museum	Museum
Observatorium	Sterrewag
School	Skool
Schuur	Skuur
Stadion	Stadion
Supermarkt	Supermark
Tent	Tent
Theater	Teater
Toren	Toring
Universiteit	Universiteit
Ziekenhuis	Hospitaal

Geografie
Aardrykskunde

Atlas	Atlas
Berg	Berg
Breedtegraad	Latitude
Continent	Kontinent
Eiland	Eiland
Evenaar	Ewenaar
Halfrond	Halfrond
Hoogte	Hoogte
Kaart	Kaart
Land	Land
Meridiaan	Meridiaan
Noorden	Noord
Oceaan	Oseaan
Regio	Streek
Rivier	Rivier
Stad	Stad
Wereld	Heelal
Westen	Wes
Zee	See
Zuiden	Suid

Geologie
Geologie

Aardbeving	Aardbewing
Calcium	Kalsium
Continent	Kontinent
Erosie	Erosie
Fossiel	Fossiel
Geiser	Geyser
Gesmolten	Gesmelte
Grot	Grot
Koraal	Koraal
Kristallen	Kristalle
Kwarts	Kwarts
Laag	Laag
Lava	Lava
Plateau	Plato
Stalactiet	Stalaktiet
Steen	Klip
Vulkaan	Vulkaan
Zone	Sone
Zout	Sout
Zuur	Suur

Getallen
Nommers

Acht	Agt
Achttien	Agtien
Dertien	Dertien
Drie	Drie
Een	Een
Negen	Nege
Negentien	Negentien
Nul	Nul
Tien	Tien
Twaalf	Twaalf
Twee	Twee
Twintig	Twintig
Veertien	Veertien
Vier	Vier
Vijf	Vyf
Vijftien	Vyftien
Zes	Ses
Zestien	Sestien
Zeven	Sewe
Zeventien	Sewentien

Groenten
Groente

Artisjok	Artisjok
Aubergine	Eiervrug
Broccoli	Broccoli
Erwt	Ertjie
Gember	Gemmer
Knoflook	Knoffel
Komkommer	Komkommer
Olijf	Olyf
Paddestoel	Sampioen
Peterselie	Pietersielie
Pompoen	Pampoen
Raap	Raap
Radijs	Radys
Salade	Slaai
Selderij	Seldery
Sjalot	Salot
Spinazie	Spinasie
Tomaat	Tamatie
Ui	Ui
Wortel	Wortel

Haartypes
Hare Tipes

Blond	Blond
Bruin	Bruin
Dik	Dik
Droog	Droë
Dun	Dun
Gekleurd	Gekleurde
Gevlochten	Gevleg
Gezond	Gesond
Golvend	Golwende
Grijs	Grys
Hoofdhuid	Kopvel
Kaal	Kaal
Kort	Kort
Krullen	Krulle
Krullend	Krullerige
Lang	Lank
Wit	Wit
Zacht	Sagte
Zilver	Silwer
Zwart	Swart

Herbalisme
Kruiemedisyne

Aromatisch	Aromatiese
Basilicum	Basiliekruid
Bloem	Blom
Culinair	Kulinêre
Dille	Dille
Dragon	Dragon
Groen	Groen
Ingrediënt	Bestanddeel
Knoflook	Knoffel
Kwaliteit	Gehalte
Lavendel	Laventel
Marjolein	Marjolein
Oregano	Oregano
Peterselie	Pietersielie
Rozemarijn	Roosmaryn
Saffraan	Saffraan
Smaak	Geur
Tijm	Tiemie
Tuin	Tuin
Venkel	Vinkel

Huis
Huis

Bezem	Besem
Bibliotheek	Biblioteek
Dak	Dak
Deur	Deur
Douche	Stort
Garage	Garage
Haard	Kaggel
Hek	Heining
Kamer	Kamer
Kelder	Kelder
Keuken	Kombuis
Lamp	Lamp
Meubilair	Meubels
Muur	Muur
Plafond	Plafon
Schoorsteen	Skoorsteen
Slaapkamer	Slaapkamer
Spiegel	Spieël
Tapijt	Mat
Tuin	Tuin

Huisdieren
Troeteldiere

Dierenarts	Veearts
Geit	Bok
Hagedis	Akkedis
Hamster	Hamster
Hond	Hond
Kat	Kat
Katje	Katjie
Klauwen	Kloue
Koe	Koei
Konijn	Haas
Kraag	Kraag
Muis	Muis
Papegaai	Papegaai
Poten	Pote
Puppy	Hondjie
Schildpad	Skilpad
Staart	Stert
Vis	Vis
Voedsel	Kos
Water	Water

Insecten
Insekte

Bidsprinkhaan	Mantis
Bij	Bye
Bladluis	Plantluis
Cicade	Cicada
Kakkerlak	Kakkerlak
Kever	Kewer
Larve	Larwe
Libel	Naaldekoker
Mier	Mier
Mot	Mot
Mug	Muskiet
Sprinkhaan	Sprinkaan
Termiet	Termiet
Vlinder	Skoenlapper
Vlo	Vlooi
Wesp	Perdeby
Worm	Wurm

Installaties
Plante

Bamboe	Bamboes
Bes	Bessie
Blad	Blad
Bloem	Blom
Bloesem	Bloeisel
Boom	Boom
Boon	Boontjie
Bos	Bos
Cactus	Kaktus
Flora	Flora
Gebladerte	Blare
Gras	Gras
Klimop	Klimop
Kruid	Plante
Mest	Kunsmis
Mos	Mos
Plantkunde	Plantkunde
Tuin	Tuin
Vegetatie	Plantegroei
Wortel	Wortel

Kastelen
Kastele

Draak	Draak
Dynastie	Dinastie
Edele	Edel
Eenhoorn	Buffel
Feodaal	Feodale
Harnas	Wapenrusting
Katapult	Katapult
Kerker	Kerker
Koninkrijk	Koninkryk
Kroon	Kroon
Muur	Muur
Paard	Perd
Paleis	Paleis
Prins	Prins
Prinses	Prinses
Ridder	Ridder
Rijk	Ryk
Schild	Skild
Toren	Toring
Zwaard	Swaard

Katten
Katte

Bont	Bont
Garen	Gare
Gek	Gek
Grappig	Snaaks
Jager	Jagter
Klein	Min
Muis	Muis
Nieuwsgierig	Nuuskierig
Onafhankelijk	Onafhanklik
Poot	Klou
Slaap	Slaap
Snel	Vinnig
Speels	Speelse
Staart	Stert
Verlegen	Skaam
Wild	Wilde

Keuken
Kombuis

Cup	Koppies
Eetstokjes	Eetstokkies
Grill	Braai
Ketel	Ketel
Koelkast	Yskas
Kom	Bak
Kruik	Beker
Lepels	Lepels
Messen	Messe
Oven	Oond
Pollepel	Skeplepel
Pot	Pot
Recept	Resep
Schort	Voorskoot
Servet	Servet
Specerijen	Speserye
Spons	Spons
Voedsel	Kos
Vorken	Vurke
Vriezer	Vrieskas

Kleding
Klere

Armband	Armband
Blouse	Bloes
Broek	Broek
Handschoenen	Handskoene
Hoed	Hoed
Jas	Jas
Jasje	Baadjie
Jurk	Aantrek
Ketting	Halssnoer
Mode	Mode
Pyjama	Pajamas
Riem	Gordel
Rok	Rok
Sandalen	Sandale
Schoen	Skoen
Schort	Voorskoot
Shirt	Hemp
Sjaal	Serp
Sokken	Sokkies
Trui	Trui

Kleuren
Die Kleure

Beige	Beige
Blauw	Blou
Bruin	Bruin
Cyaan	Siaan
Fuchsia	Fuchsia
Geel	Geel
Grijs	Grys
Groen	Groen
Indigo	Indigo
Magenta	Magenta
Oranje	Oranje
Paars	Pers
Rood	Rooi
Roze	Pienk
Sepia	Sepia
Wit	Wit
Zwart	Swart

Klimmen
Klim

Atmosfeer	Atmosfeer
Deskundige	Kenner
Fysiek	Fisies
Gidsen	Gidse
Grot	Grot
Handschoenen	Handskoene
Helm	Helm
Hoogte	Hoogte
Kaart	Kaart
Kracht	Sterkte
Laarzen	Stewels
Letsel	Besering
Opleiding	Opleiding
Smal	Smal
Stabiliteit	Stabiliteit
Terrein	Terrein
Uitdagingen	Uitdagings
Wandelen	Stap

Komedie
Komedie

Acteur	Akteur
Actrice	Aktrise
Applaus	Applous
Clowns	Narre
Expressief	Ekspressiewe
Gelach	Lag
Genre	Genre
Grappen	Grappies
Grappig	Snaaks
Humor	Humor
Improvisatie	Improvisasie
Parodie	Parodie
Plezier	Pret
Publiek	Gehoor
Slim	Slim
Televisie	Televisie
Theater	Teater

Kunst
Kuns

Beeldhouwwerk	Beeldhouwerk
Complex	Kompleks
Creëren	Skep
Eenvoudig	Eenvoudige
Eerlijk	Eerlik
Figuur	Figuur
Geïnspireerd	Geïnspireer
Humeur	Bui
Keramisch	Keramiek
Onderwerp	Onderwerp
Origineel	Oorspronklike
Persoonlijk	Persoonlike
Poëzie	Poësie
Portretteren	Uitbeelding
Samenstelling	Samestelling
Schilderijen	Skilderye
Surrealisme	Surrealisme
Symbool	Simbool
Uitdrukking	Uitdrukking
Visueel	Visuele

Kunstbenodigdheden
Kunsbenodigdhede

Acryl	Akriel
Aquarellen	Waterverf
Borstels	Borsels
Camera	Kamera
Creativiteit	Kreatiwiteit
Ezel	Esel
Gom	Uitveër
Houtskool	Houtskool
Inkt	Ink
Klei	Klei
Kleuren	Kleure
Lijm	Gom
Olie	Olie
Papier	Papier
Pastel	Pastel
Potloden	Potlode
Stoel	Stoel
Tafel	Tabel
Verf	Verf
Water	Water

Landen #2
Lande #2

Denemarken	Denemarke
Ethiopië	Ethiopië
Frankrijk	Frankryk
Griekenland	Griekeland
Ierland	Ierland
Indonesië	Indonesië
Japan	Japan
Kenia	Kenia
Laos	Laos
Libanon	Libanon
Liberia	Liberië
Maleisië	Maleisië
Mexico	Mexiko
Nepal	Nepal
Nigeria	Nigerië
Oeganda	Uganda
Oekraïne	Oekraïne
Rusland	Rusland
Somalië	Somalië
Syrië	Sirië

Landschappen
Landskappe

Berg	Berg
Eiland	Eiland
Geiser	Geyser
Gletsjer	Gletser
Grot	Grot
Heuvel	Heuwel
Ijsberg	Ysberg
Meer	Meer
Moeras	Moeras
Oase	Oase
Oceaan	Oseaan
Rivier	Rivier
Schiereiland	Skiereiland
Strand	Strand
Toendra	Toendra
Vallei	Vallei
Vulkaan	Vulkaan
Waterval	Waterval
Woestijn	Woestyn
Zee	See

Literatuur
Letterkunde

Analogie	Analogie
Analyse	Analise
Anekdote	Anekdote
Auteur	Outeur
Biografie	Biografie
Dialoog	Dialoog
Fictie	Fiksie
Gedicht	Gedig
Mening	Opinie
Metafoor	Metafoor
Omschrijving	Beskrywing
Poëtisch	Poëtiese
Rijm	Rym
Ritme	Ritme
Roman	Boek
Stijl	Styl
Thema	Tema
Tragedie	Tragedie
Vergelijking	Vergelyking
Verteller	Verteller

Meditatie
Meditasie

Aandacht	Aandag
Aanvaarding	Aanvaarding
Ademhaling	Asemhaling
Beweging	Beweging
Dankbaarheid	Dankbaarheid
Emoties	Emosies
Gedachten	Gedagtes
Geluk	Geluk
Helderheid	Duidelikheid
Houding	Postuur
Kalm	Kalm
Mededogen	Deernis
Mentaal	Geestelike
Muziek	Musiek
Natuur	Natuur
Observatie	Waarneming
Perspectief	Perspektief
Stilte	Stilte
Vrede	Vrede
Wakker	Wakker

Meer Informatie
Wetenskap Fiksie

Bioscoop	Teater
Boeken	Boeke
Brand	Vuur
Denkbeeldig	Denkbeeldige
Dystopie	Distopie
Explosie	Ontploffing
Extreem	Uiterste
Fantastisch	Fantasties
Futuristisch	Futuristies
Illusie	Illusie
Mysterieus	Geheimsinnige
Orakel	Orakel
Planeet	Planeet
Realistisch	Realistiese
Robots	Robotte
Scenario	Scenario
Sterrenstelsel	Sterrestelsel
Technologie	Tegnologie
Utopie	Utopie
Wereld	Heelal

Menselijk Lichaam
Die Menslike Liggaam

Been	Been
Bloed	Bloed
Elleboog	Elmboog
Enkel	Enkel
Hand	Hand
Hart	Hart
Hersenen	Brein
Hoofd	Kop
Huid	Vel
Kaak	Kakebeen
Kin	Ken
Knie	Knie
Maag	Maag
Mond	Mond
Nek	Nek
Neus	Neus
Oor	Oor
Schouder	Skouer
Tong	Tong
Vinger	Vinger

Metingen
Metings

Breedte	Breedte
Byte	Byte
Centimeter	Sentimeter
Decimaal	Desimale
Diepte	Diepte
Gewicht	Gewig
Gram	Gram
Hoogte	Hoogte
Inch	Duim
Kilogram	Kilogram
Kilometer	Kilometer
Lengte	Lengte
Liter	Liter
Massa	Massa
Meter	Meter
Minuut	Minuut
Ons	Ons
Pint	Pint
Ton	Ton
Volume	Volume

Meubels
Meubels

Bank	Bank
Bed	Bed
Boekenkast	Boekrak
Bureau	Lessenaar
Dekbedden	Troosters
Fauteuil	Leunstoel
Futon	Futon
Gordijnen	Gordyne
Hangmat	Hangmat
Kussen	Kussing
Kussens	Kussings
Lamp	Lamp
Matras	Matras
Planken	Rakke
Spiegel	Spieël
Stoel	Stoel
Tapijt	Mat

Muziekinstrumenten
Musikale Instrumente

Banjo	Banjo
Cello	Tjello
Fagot	Fagot
Fluit	Fluit
Gitaar	Kitaar
Gong	Gong
Harp	Harp
Hobo	Hobo
Klarinet	Klarinet
Mandoline	Mandolien
Marimba	Marimba
Mondharmonica	Harmonica
Percussie	Perkussie
Piano	Klavier
Saxofoon	Saksofoon
Tamboerijn	Tamboeryn
Trombone	Trombone
Trommel	Drom
Trompet	Basuin
Viool	Viool

Mythologie
Mitologie

Archetype	Argetipe
Bliksem	Weerlig
Creatie	Skepping
Cultuur	Kultuur
Donder	Donderweer
Doolhof	Labirint
Gedrag	Gedrag
Held	Held
Heldin	Heldin
Jaloezie	Jaloesie
Kracht	Sterkte
Krijger	Kryger
Legende	Legende
Magisch	Magiese
Monster	Monster
Overtuigingen	Oortuigings
Ramp	Ramp
Sterfelijk	Sterflike
Wezen	Skepsel
Wraak	Wraak

Natuur
Die Natuur

Arctisch	Arktiese
Bijen	Bye
Bos	Bos
Dieren	Diere
Dynamisch	Dinamies
Erosie	Erosie
Gebladerte	Blare
Gletsjer	Gletser
Heiligdom	Heiligdom
Klippen	Kranse
Mist	Mis
Rivier	Rivier
Schoonheid	Skoonheid
Schuilplaats	Skuiling
Sereen	Rustige
Tropisch	Tropies
Vitaal	Noodsaaklik
Wild	Wilde
Woestijn	Woestyn
Wolken	Wolke

Oceaan
Oseaan

Aal	Paling
Algen	Alge
Boot	Boot
Dolfijn	Dolfyn
Garnaal	Garnale
Getijden	Getye
Haai	Haai
Koraal	Koraal
Krab	Krap
Kwal	Jellievis
Octopus	Seekat
Oester	Oester
Rif	Rif
Schildpad	Skilpad
Spons	Spons
Storm	Storm
Tonijn	Tuna
Vis	Vis
Walvis	Walvis
Zout	Sout

Om in te Vullen
Om te Vul

Buis	Buis
Dienblad	Skinkbord
Doos	Boks
Emmer	Emmer
Envelop	Koevert
Fles	Bottel
Karton	Karton
Koffer	Tas
Krat	Krat
Lade	Laai
Mand	Mandjie
Map	Gids
Pakje	Pakkie
Pot	Pot
Vaas	Vaas
Vat	Vat
Zak	Sak

Piraten
Seerowers

Anker	Anker
Avontuur	Avontuur
Bemanning	Bemanning
Eiland	Eiland
Gevaar	Gevaar
Goud	Goud
Grot	Grot
Kaart	Kaart
Kapitein	Kaptein
Kompas	Kompas
Legende	Legende
Litteken	Litteken
Oceaan	Oseaan
Papegaai	Papegaai
Rum	Rum
Schat	Skat
Slecht	Slegte
Strand	Strand
Vlag	Vlag
Zwaard	Swaard

Regenwoud
Reënwoud

Amfibieën	Amfibieë
Behoud	Bewaring
Botanisch	Botaniese
Diversiteit	Diversiteit
Gemeenschap	Gemeenskap
Inheems	Inheemse
Insecten	Insekte
Klimaat	Klimaat
Mos	Mos
Natuur	Natuur
Overleving	Oorlewing
Respect	Respek
Restauratie	Herstel
Soort	Spesies
Toevlucht	Toevlug
Vogels	Voëls
Waardevol	Waardevolle
Wolken	Wolke
Zoogdieren	Soogdiere

Restaurant #1
Restaurant #1

Allergie	Allergie
Bord	Plaat
Brood	Brood
Ingrediënten	Bestanddele
Kassier	Kassier
Keuken	Kombuis
Kip	Hoender
Koffie	Koffie
Kom	Bak
Menu	Menu
Mes	Mes
Pittig	Pittige
Reservering	Bespreking
Saus	Sous
Serveerster	Kelnerin
Servet	Servet
Toetje	Nagereg
Vlees	Vleis
Voedsel	Kos

Restaurant #2
Restaurant #2

Cake	Koek
Diner	Aandete
Drank	Drank
Eieren	Eiers
Fruit	Vrugte
Groente	Groente
Heerlijk	Heerlike
Ijs	Ys
Lepel	Lepel
Lunch	Middagete
Noedels	Noedels
Ober	Kelner
Salade	Slaai
Soep	Sop
Specerijen	Speserye
Stoel	Stoel
Vis	Vis
Vork	Vurk
Water	Water
Zout	Sout

Rijden
Bestuur

Auto	Motor
Brandstof	Brandstof
Garage	Garage
Gas	Gas
Gevaar	Gevaar
Kaart	Kaart
Licentie	Lisensie
Motorfiets	Motorfiets
Ongeluk	Ongeluk
Politie	Polisie
Remmen	Remme
Snelheid	Spoed
Straat	Straat
Tunnel	Tonnel
Veiligheid	Veiligheid
Verkeer	Verkeer
Vervoer	Vervoer
Voetganger	Voetganger
Vrachtauto	Vragmotor
Weg	Pad

Schaken
Skaak

Diagonaal	Diagonaal
Kampioen	Kampioen
Koning	Koning
Koningin	Koningin
Leren	Om te Leer
Offer	Offer
Passief	Passiewe
Punten	Punte
Reglement	Reëls
Slim	Slim
Spel	Spel
Speler	Speler
Strategie	Strategie
Tegenstander	Teenstander
Tijd	Tyd
Toernooi	Toernooi
Uitdagingen	Uitdagings
Wedstrijd	Wedstryd
Wit	Wit
Zwart	Swart

School #1
Skool #1

Alfabet	Alfabet
Antwoorden	Antwoorde
Bibliotheek	Biblioteek
Boeken	Boeke
Bureau	Lessenaar
Examens	Eksamens
Klaslokaal	Klaskamer
Leraar	Onderwyser
Leren	Om te Leer
Lunch	Middagete
Mappen	Dopgehou
Markeringen	Merkers
Papier	Papier
Pennen	Penne
Plezier	Pret
Potlood	Potlood
Quiz	Quiz
Stoel	Stoel
Vrienden	Vriende
Wiskunde	Wiskunde

School #2
Skool #2

Academisch	Akademiese
Bibliotheek	Biblioteek
Bus	Bus
Computer	Rekenaar
Grammatica	Grammatika
Huiswerk	Huiswerk
Kalender	Kalender
Leraar	Onderwyser
Literatuur	Literatuur
Onderwijs	Onderwys
Papier	Papier
Pennen	Penne
Potlood	Potlood
Rugzak	Rugsak
Schaar	Skêr
Schoenen	Skoene
Weekend	Naweke
Wetenschap	Wetenskap
Wiskunde	Wiskunde
Woordenboek	Woordeboek

Specerijen
Speserye

Anijs	Anys
Bitter	Bitter
Fenegriek	Fenegriek
Gember	Gemmer
Kaneel	Kaneel
Kardemom	Kardemom
Kerrie	Kerrie
Knoflook	Knoffel
Komijn	Komyn
Koriander	Koljander
Kruidnagel	Naeltjie
Nootmuskaat	Neutmuskaat
Paprika	Paprika
Saffraan	Saffraan
Smaak	Geur
Ui	Ui
Vanille	Vanielje
Venkel	Vinkel
Zoet	Soet
Zout	Sout

Speelgoed
Speelgoed

Ambachten	Handwerk
Auto	Motor
Bal	Bal
Boeken	Boeke
Boot	Boot
Drums	Dromme
Favoriet	Gunsteling
Fiets	Fiets
Games	Speletjies
Klei	Klei
Pop	Pop
Puzzel	Legkaart
Robot	Robot
Schaak	Skaak
Trein	Trein
Verbeelding	Verbeelding
Verf	Verf
Vlieger	Vlieër
Vliegtuig	Vliegtuig
Vrachtauto	Vragmotor

Sport
Sport

Atleet	Atleet
Basketbal	Basketbal
Beweging	Beweging
Fiets	Fiets
Golf	Gholf
Gymnasium	Gimnasium
Gymnastiek	Gimnastiek
Hockey	Hokkie
Honkbal	Bofbal
Kampioenschap	Kampioenskap
Scheidsrechter	Skeidsregter
Spel	Spel
Speler	Speler
Stadion	Stadion
Team	Span
Tennis	Tennis
Trainer	Afrigter
Winnaar	Wenner

Stad
Die Dorp

Apotheek	Apteek
Bakkerij	Bakkery
Bank	Bank
Bibliotheek	Biblioteek
Bloemist	Bloemiste
Boekhandel	Boekwinkel
Dierentuin	Dieretuin
Galerij	Galery
Hotel	Hotel
Kliniek	Kliniek
Luchthaven	Lughawe
Markt	Mark
Museum	Museum
Restaurant	Restaurant
School	Skool
Stadion	Stadion
Supermarkt	Supermark
Theater	Teater
Universiteit	Universiteit
Winkel	Winkel

Strand
Strand

Blauw	Blou
Boot	Boot
Dok	Dok
Eiland	Eiland
Handdoek	Handdoek
Krab	Krap
Kust	Kus
Lagune	Strandmeer
Oceaan	Oseaan
Paraplu	Sambreel
Rif	Rif
Sandalen	Sandale
Schelpen	Skulpe
Vakantie	Vakansie
Zand	Sand
Zee	See
Zeilboot	Seilboot
Zon	Son

Surfen
Branderplankry

Atleet	Atleet
Beginner	Beginner
Extreem	Uiterste
Golf	Golf
Kampioen	Kampioen
Kracht	Sterkte
Maag	Maag
Menigte	Skares
Oceaan	Oseaan
Plezier	Pret
Populair	Gewilde
Rif	Rif
Schuim	Skuim
Snelheid	Spoed
Spray	Spuit
Stijl	Styl
Strand	Strand
Weer	Weer

Technologie
Tegnologie

Bericht	Boodskap
Bestand	Lêer
Blog	Blog
Browser	Leser
Bytes	Grepe
Camera	Kamera
Computer	Rekenaar
Cursor	Wyser
Digitaal	Digitale
Gegevens	Data
Internet	Internet
Lettertype	Font
Onderzoek	Navorsing
Scherm	Skerm
Software	Sagteware
Statistiek	Statistieke
Veiligheid	Sekuriteit
Virtueel	Virtuele
Virus	Virus

Tijd
Tyd

Dag	Dag
Decennium	Dekade
Eeuw	Eeu
Gisteren	Gister
Jaar	Jaar
Jaarlijks	Jaarlikse
Kalender	Kalender
Klok	Klok
Maand	Maand
Middag	Middag
Minuut	Minuut
Na	Na
Nacht	Nag
Nu	Nou
Ochtend	Oggend
Toekomst	Toekoms
Uur	Uur
Vandaag	Vandag
Vroeg	Vroeg
Week	Week

Tuin
Tuin

Bank	Bank
Bloem	Blom
Boom	Boom
Boomgaard	Boord
Garage	Garage
Gazon	Grasperk
Gras	Gras
Hangmat	Hangmat
Hark	Hark
Hek	Heining
Onkruid	Onkruid
Rotsen	Rotse
Schop	Graaf
Slang	Slang
Struik	Bos
Terras	Terras
Trampoline	Trampolien
Tuin	Tuin
Veranda	Stoep
Vijver	Dam

Vakantie #2
Vakansie #2

Bestemming	Bestemming
Buitenlander	Buitelander
Buitenlands	Buitelandse
Eiland	Eiland
Hotel	Hotel
Kaart	Kaart
Kamperen	Kampeer
Luchthaven	Lughawe
Paspoort	Paspoort
Reis	Reis
Reserveringen	Besprekings
Restaurant	Restaurant
Strand	Strand
Taxi	Taxi
Tent	Tent
Vakantie	Vakansie
Vervoer	Vervoer
Visum	Visa
Vrije Tijd	Ontspanning
Zee	See

Verjaardag
Verjaarsdag

Cake	Koek
Dag	Dag
Geboren	Gebore
Gelukkig	Gelukkig
Geschenk	Geskenk
Herinneringen	Herinneringe
Jaar	Jaar
Jong	Jong
Kaarsen	Kerse
Kaarten	Kaarte
Kalender	Kalender
Lied	Lied
Ouder	Ouer
Plezier	Pret
Speciaal	Spesiaal
Tijd	Tyd
Uitnodigingen	Uitnodigings
Viering	Viering
Vrienden	Vriende
Wijsheid	Wysheid

Vissen
Visvang

Aas	Aas
Apparatuur	Toerusting
Boot	Boot
Draad	Draad
Geduld	Geduld
Gewicht	Gewig
Haak	Haak
Kaak	Kakebeen
Kieuwen	Kiewe
Kok	Kook
Mand	Mandjie
Meer	Meer
Oceaan	Oseaan
Overdrijving	Oordrywing
Rivier	Rivier
Seizoen	Seisoen
Strand	Strand
Vinnen	Vinne
Water	Water

Vliegtuigen
Vliegtuie

Afdaling	Afkoms
Atmosfeer	Atmosfeer
Avontuur	Avontuur
Ballon	Ballon
Bemanning	Bemanning
Bouw	Konstruksie
Brandstof	Brandstof
Geschiedenis	Geskiedenis
Hoogte	Hoogte
Landen	Landing
Lucht	Lug
Motor	Enjin
Navigeren	Navigeer
Ontwerp	Ontwerp
Passagier	Passasier
Piloot	Vlieënier
Propellers	Skroewe
Richting	Rigting
Turbulentie	Turbulensie
Waterstof	Waterstof

Voeding
Voeding

Bitter	Bitter
Calorieën	Kalorieë
Dieet	Dieet
Eetbaar	Eetbare
Eetlust	Eetlus
Eiwitten	Proteïene
Evenwichtig	Gebalanseerde
Fermentatie	Fermentasie
Gewicht	Gewig
Gezond	Gesond
Gezondheid	Gesondheid
Koolhydraten	Koolhidrate
Kwaliteit	Gehalte
Saus	Sous
Smaak	Geur
Spijsvertering	Vertering
Toxine	Gifstof
Vitamine	Vitamien
Vloeistoffen	Vloeistowwe
Voedingsstof	Voedingstof

Voertuigen
Voertuie

Ambulance	Ambulans
Auto	Motor
Banden	Bande
Boot	Boot
Bus	Bus
Caravan	Karavaan
Fiets	Fiets
Helikopter	Helikopter
Metro	Metro
Motor	Enjin
Onderzeeër	Duikboot
Raket	Vuurpyl
Scooter	Scooter
Taxi	Taxi
Tractor	Trekker
Trein	Trein
Veerboot	Ferry
Vliegtuig	Vliegtuig
Vlot	Vlot
Vrachtauto	Vragmotor

Vogels
Voëls

Duif	Duif
Eend	Eend
Ei	Eier
Flamingo	Flamingo
Gans	Gans
Kip	Hoender
Koekoek	Koekoek
Kraai	Kraai
Meeuw	Meeu
Mus	Mossie
Ooievaar	Ooievaar
Papegaai	Papegaai
Pauw	Pou
Pelikaan	Pelikaan
Pinguïn	Pikkewyn
Reiger	Reier
Struisvogel	Volstruis
Toekan	Toekan
Uil	Uil
Zwaan	Swaan

Vormen
Vorms

Bol	Sfeer
Boog	Lnr
Cilinder	Silinder
Cirkel	Sirkel
Curve	Kurwe
Driehoek	Driehoek
Hoek	Hoek
Hyperbool	Hiperbool
Kant	Kant
Kegel	Keël
Kubus	Kubus
Lijn	Lyn
Ovaal	Ovaal
Piramide	Piramide
Prisma	Prisma
Randen	Kante
Rechthoek	Reghoek
Ronde	Ronde
Veelhoek	Veelhoek
Vierkant	Vierkante

Wandelen
Stap

Berg	Berg
Dieren	Diere
Gevaren	Gevare
Kaart	Kaart
Kamperen	Kampeer
Klif	Krans
Klimaat	Klimaat
Laarzen	Stewels
Moe	Moeg
Muggen	Muskiete
Natuur	Natuur
Oriëntatie	Oriëntasie
Parken	Parke
Stenen	Klippe
Top	Beraad
Voorbereiding	Voorbereiding
Water	Water
Wild	Wilde
Zon	Son
Zwaar	Swaar

Water
Water

Douche	Stort
Drinkbaar	Drinkbaar
Geiser	Geiser
Golven	Golwe
Ijs	Ys
Irrigatie	Besproeiing
Kanaal	Kanaal
Meer	Meer
Oceaan	Oseaan
Orkaan	Orkaan
Overstroming	Vloed
Regen	Reën
Rivier	Rivier
Sneeuw	Sneeu
Stoom	Stoom
Verdamping	Verdamping
Vocht	Vog
Vochtig	Klam
Vochtigheid	Humiditeit
Vorst	Ryp

Weersomstandigheden
Weer

Atmosfeer	Atmosfeer
Bliksem	Bliksem
Donder	Donderweer
Droog	Droog
Droogte	Droogte
Hemel	Lug
Ijs	Ys
Klimaat	Klimaat
Mist	Mis
Moesson	Reën
Orkaan	Orkaan
Overstroming	Vloed
Polair	Polêre
Regenboog	Reënboog
Storm	Storm
Temperatuur	Temperatuur
Tornado	Tornado
Tropisch	Tropies
Wind	Wind
Wolk	Wolk

Wetenschap
Wetenskap

Atoom	Atoom
Chemisch	Chemiese
Deeltjes	Deeltjies
Evolutie	Evolusie
Experiment	Eksperiment
Feit	Feit
Fossiel	Fossiel
Gegevens	Data
Hypothese	Hipotese
Klimaat	Klimaat
Laboratorium	Laboratorium
Methode	Metode
Mineralen	Minerale
Moleculen	Molekules
Natuur	Natuur
Natuurkunde	Fisika
Observatie	Waarneming
Organisme	Organisme
Wetenschapper	Wetenskaplike
Zwaartekracht	Swaartekrag

Wetenschappelijke Discip
Wetenskaplike Dissiplines

Anatomie	Anatomie
Archeologie	Argeologie
Astronomie	Sterrekunde
Biochemie	Biochemie
Biologie	Biologie
Chemie	Chemie
Ecologie	Ekologie
Fysiologie	Fisiologie
Geologie	Geologie
Immunologie	Immunologie
Mechanica	Meganika
Meteorologie	Meteorologie
Mineralogie	Mineralogie
Neurologie	Neurologie
Plantkunde	Plantkunde
Psychologie	Sielkunde
Robotica	Robotika
Sociologie	Sosiologie
Thermodynamica	Termodinamika
Voeding	Voeding

Wiskunde
Wiskunde

Decimaal	Desimale
Diameter	Deursnee
Divisie	Afdeling
Driehoek	Driehoek
Exponent	Eksponent
Fractie	Breuk
Geometrie	Meetkunde
Hoeken	Hoeke
Loodrecht	Loodreg
Omtrek	Omtrek
Parallel	Parallel
Parallellogram	Parallelogram
Rechthoek	Reghoek
Rekenkundig	Rekenkunde
Som	Som
Symmetrie	Simmetrie
Veelhoek	Veelhoek
Vergelijking	Vergelyking
Vierkant	Vierkante
Volume	Volume

Zomer
Somer

Boeken	Boeke
Duiken	Duik
Familie	Familie
Games	Speletjies
Herinneringen	Herinneringe
Huis	Tuis
Kamperen	Kampeer
Muziek	Musiek
Reis	Reis
Sandalen	Sandale
Sterren	Sterre
Strand	Strand
Tuin	Tuin
Vakantie	Vakansie
Voedsel	Kos
Vreugde	Vreugde
Vrienden	Vriende
Vrije Tijd	Ontspanning
Zee	See

Zoogdieren
Soogdiere

Aap	Aap
Bever	Bewer
Coyote	Coyote
Dolfijn	Dolfyn
Ezel	Donkie
Geit	Bok
Giraf	Kameelperd
Gorilla	Gorilla
Hond	Hond
Kameel	Kameel
Kangoeroe	Kangaroe
Kat	Kat
Konijn	Haas
Leeuw	Leeu
Olifant	Olifant
Paard	Perd
Stier	Bul
Vos	Jakkals
Walvis	Walvis
Wolf	Wolf

Gefeliciteerd

Je hebt het gehaald!

We hopen dat u net zoveel plezier beleeft aan dit boek als wij aan het maken ervan. We doen ons best om spellen van hoge kwaliteit te maken.
Deze puzzels zijn op een slimme manier ontworpen zodat je actief kunt leren terwijl je plezier hebt!

Vond je ze mooi?

Een Eenvoudig Verzoek

Onze boeken bestaan dankzij de recensies die zij publiceren.
Kunt u ons helpen door nu een mening achter te laten ?

Hier is een korte link die u naar uw
bestellingen beoordelingspagina.

BestBooksActivity.com/Recensie50

FINAAL UITDAGING!

Uitdaging nr. 1

Klaar voor uw bonusspel? We gebruiken ze de hele tijd, maar ze zijn niet zo gemakkelijk te vinden. Hier zijn **Synoniemen!**

Noteer 5 woorden die je ontdekt hebt in elk van de onderstaande puzzels (nr. 21, nr. 36, nr. 76) en probeer voor elk woord 2 synoniemen te vinden.

Notitie 5 Woorden uit *Puzzle 21*

Woorden	Synoniem 1	Synoniem 2

Notitie 5 Woorden uit *Puzzle 36*

Woorden	Synoniem 1	Synoniem 2

Notitie 5 Woorden uit *Puzzle 76*

Woorden	Synoniem 1	Synoniem 2

Uitdaging nr. 2

Nu je opgewarmd bent, noteer 5 woorden die je ontdekt hebt in elke hieronder genoteerde puzzel (nr. 9, nr. 17, nr. 25) en probeer voor elk woord 2 antoniemen te vinden. Hoeveel regels kan je doen in 20 minuten?

Notitie 5 Woorden uit **Puzzle 9**

Woorden	Antoniem 1	Antoniem 2

Notitie 5 Woorden uit **Puzzle 17**

Woorden	Antoniem 1	Antoniem 2

Notitie 5 Woorden uit **Puzzle 25**

Woorden	Antoniem 1	Antoniem 2

Uitdaging nr. 3

Prachtig, deze finaal uitdaging is makkelijk voor jou!

Klaar voor de laatste? Kies je 10 favoriete woorden die je in een van de puzzels hebt ontdekt en noteer ze hieronder.

1.	6.
2.	7.
3.	8.
4.	9.
5.	10.

De uitdaging is nu om met deze woorden en binnen een maximum van zes zinnen een tekst te schrijven over een persoon, dier of plaats waar je van houdt!

Tip: U kunt de laatste blanco pagina van dit boek als kladblaadje gebruiken!

Je schrijven:

NOTITIEBOEKJE:

TOT SNEL!

Linguas Classics